CB066247

O
CAIBALION

Conheça os títulos da coleção SÉRIE OURO:

365 REFLEXÕES ESTOICAS
1984
A ARTE DA GUERRA
A DIVINA COMÉDIA - INFERNO
A DIVINA COMÉDIA - PURGATÓRIO
A DIVINA COMÉDIA - PARAÍSO
A IMITAÇÃO DE CRISTO
A INTERPRETAÇÃO DOS SONHOS
A METAMORFOSE
A MORTE DE IVAN ILITCH
A ORIGEM DAS ESPÉCIES
A REVOLUÇÃO DOS BICHOS
ALICE NO PAÍS DAS MARAVILHAS
ALICE ATRAVÉS DO ESPELHO
ANNA KARENINA
CARTAS A MILENA
CONFISSÕES DE SANTO AGOSTINHO
CONTOS DE FADAS ANDERSEN
CRIME E CASTIGO
DOM CASMURRO
DOM QUIXOTE
FAUSTO
GARGÂNTUA & PATAGRUEL
MEDITAÇÕES
MEMÓRIAS PÓSTUMAS DE BRÁS CUBAS
MITOLOGIA GREGA E ROMANA
NOITES BRANCAS
O CAIBALION
O DIÁRIO DE ANNE FRANK
O IDIOTA
O JARDIM SECRETO
O LIVRO DOS CINCO ANÉIS
O MORRO DOS VENTOS UIVANTES
O PEQUENO PRÍNCIPE
O PEREGRINO
O PRÍNCIPE
O PROCESSO
ORGULHO E PRECONCEITO
OS IRMÃOS KARAMÁZOV
PERSUASÃO
RAZÃO E SENSIBILIDADE
SOBRE A BREVIDADE DA VIDA
SOBRE A VIDA FELIZ & TRANQUILIDADE DA ALMA
VIDAS SECAS

Conheça os títulos da coleção SÉRIE LUXO:

JANE EYRE
O MORRO DOS VENTOS UIVANTES

OS TRÊS INICIADOS

O CAIBALION

TEXTO INTEGRAL
EDIÇÃO ESPECIAL DE 117 ANOS

GARNIER
DESDE 1844

GARNIER
DESDE 1844

Fundador: **Baptiste-Louis Garnier**

Copyright desta tradução © IBC - Instituto Brasileiro De Cultura, 2023

Título original: The Yogi Publication Society Masonic Temple Chicago, Illinois
Para Hermes Trismegisto

Reservados todos os direitos desta tradução e produção, pela lei 9.610 de 19.2.1998.

1ª Impressão 2025

Presidente: Paulo Roberto Houch
MTB 0083982/SP

Coordenação Editorial: Priscilla Sipans
Coordenação de Arte: Rubens Martim (capa)
Tradução: Júlia Fiuza
Projeto editorial e diagramação: Jorge Toth
Produção Editorial: Vozes do Mundo Comunicações
Apoio de Revisão: Renan Kenzo
Imagens: Wikimedia Common

Vendas: Tel.: (11) 3393-7727 (comercial2@editoraonline.com.br)

Foi feito o depósito legal.
Impresso na China.

Dados Internacionais de Catalogação na Publicação (CIP)
de acordo com ISBD

G236c	Garnier Editora
	O Caibalion - Série Ouro / Garnier Editora. – Barueri : Garnier Editora, 2024.
	128 p. ; 15,1cm x 23cm.
	ISBN: 978-65-84956-96-4
	1. Filosofia. I. Título.
2024-4317	CDD 100
	CDU 1

Elaborado por Vagner Rodolfo da Silva - CRB-8/9410

IBC — Instituto Brasileiro de Cultura LTDA
CNPJ 04.207.648/0001-94
Avenida Juruá, 762 — Alphaville Industrial
CEP. 06455-010 — Barueri/SP
www.editoraonline.com.br

Sumário

	APRESENTAÇÃO	07
	INTRODUÇÃO	21
I	A FILOSOFIA HERMÉTICA	25
II	OS SETE PRINCÍPIOS HERMÉTICOS	30
	1. O Princípio do Mentalismo	31
	2. O Princípio da Correspondência	32
	3. O Princípio da Vibração	32
	4. O Princípio da Polaridade	33
	5. O Princípio do Ritmo	35
	6. O Princípio da Causa e Efeito	36
	7. O Princípio do Gênero	37
III	TRANSMUTAÇÃO MENTAL	39
IV	O TODO	43
V	O UNIVERSO MENTAL	49
VI	O PARADOXO DIVINO	55
VII	"O TODO" EM TUDO	64
VIII	PLANOS DA CORRESPONDÊNCIA	72
IX	VIBRAÇÃO	84
X	POLARIDADE	90
XI	RITMO	95
XII	CAUSALIDADE	101
XIII	GÊNERO	107
XIV	GÊNERO MENTAL	112
XV	AXIOMAS HERMÉTICOS	121

THE
KYBALION

A STUDY OF

THE HERMETIC PHILOSOPHY OF
ANCIENT EGYPT AND
GREECE

BY

THREE INITIATES

"THE LIPS OF WISDOM ARE CLOSED, EXCEPT TO THE
EARS OF UNDERSTANDING"

THE YOGI PUBLICATION SOCIETY
MASONIC TEMPLE
CHICAGO, ILL.

Folha de rosto da primeira edição de O Caibalion,
publicado em 1908 pela Yogi Publication Society.

Apresentação

Há milênios, os mistérios do universo têm sido estudados e preservados por uma linhagem de sábios e iniciados que acreditavam que o conhecimento não deveria ser dado indiscriminadamente, mas sim reservado àqueles que estivessem prontos para recebê-lo. Agora, imagine um livro que não apenas contenha esses conhecimentos antigos, mas que seja uma chave capaz de abrir portas para os segredos mais profundos do universo e da alma humana. Um texto que sussurra verdades há milênios guardadas, ao mesmo tempo em que desafia o leitor a decifrá-las por si mesmo.

O Caibalion surge no início do século XX como um desafio tanto para a mente quanto para a alma, oferecendo aos seus iniciados um vislumbre das leis universais que regem tanto o macrocosmo quanto o microcosmo. A obra se tornou uma das principais referências para estudiosos da filosofia hermética, do ocultismo, da espiritualidade e do autodesenvolvimento. Mas o que torna *O Caibalion* tão singular e relevante? Como o hermetismo está relacionado ao ocultismo e à espiritualidade?

O que é hermetismo? É o que vamos descobrir nas próximas páginas.

O Caibalion

O final do século XIX e o início do século XX testemunharam o crescimento de movimentos esotéricos e filosóficos que buscavam respostas além do materialismo científico e das doutrinas religiosas tradicionais. Movimentos como o Espiritismo, a Teosofia e o Novo Pensamento estavam

Primeira edição em latim de Corpus Hermeticum, traduzida por Marsílio Ficino. Obra datada de 1471, exposta em The Ritman Library, Amsterdã, Países Baixos.

em ascensão, oferecendo alternativas para aqueles que ansiavam por uma compreensão mais ampla da existência.

Foi nesse contexto que *O Caibalion* surgiu, no ano de 1908, posicionando-se como uma ponte entre o passado e o presente. Trazendo seus ensinamentos profundamente enraizados na filosofia hermética, o livro foi escrito de forma a dialogar com as inquietações da modernidade. Ele oferece respostas para as questões fundamentais da vida – qual é a natureza da realidade? Como podemos alcançar a harmonia? – ao mesmo tempo que desafia o leitor a abandonar preconceitos e expandir sua mente.

Os autores, conhecidos apenas como "Os Três Iniciados", optaram por permanecer anônimos, uma decisão que reflete tanto a tradição hermética de discrição quanto o desejo de focar na mensagem, e não nos mensageiros. Esse anonimato, no entanto, gerou um fascínio adicional em torno da obra, alimentando especulações sobre quem seriam seus criadores e qual seria sua verdadeira intenção ao publicar um texto tão profundo e transformador.

A obra é profundamente influenciada pelos ensinamentos das antigas escolas de mistério, que prosperaram no Egito, na Grécia e em outras civilizações avançadas. Essas escolas eram centros de aprendizado espiritual, onde os iniciados recebiam instrução sobre os segredos do universo e da alma. Além da filosofia hermética, que atua como base para o livro, *O Caibalion* reflete conceitos que ressoam com outras tradições espirituais, como o budismo, o hinduísmo e o taoísmo, que também enfatizam a interconexão de todas as coisas e a busca por equilíbrio. Os princípios apresentados no livro, como o Ritmo e a Polaridade, encontram paralelos nas leis do karma e no *yin-yang*, sugerindo que a verdade universal transcende culturas e épocas.

O impacto dessas filosofias não se limitou ao passado. Elas influenciaram diretamente o desenvolvimento de sociedades esotéricas modernas, como a Ordem Hermética da Aurora Dourada e a Sociedade Teosófica, cujos membros buscavam reviver e reinterpretar os ensinamentos antigos para o mundo contemporâneo. É nesse contexto que *O Caibalion* ocupa um lugar único: ele é, ao mesmo tempo, uma expressão de tradições ancestrais e uma ferramenta adaptada para o despertar espiritual da modernidade.

A Sabedoria Secreta que Conecta o Homem ao Cosmos

O hermetismo é uma tradição espiritual e filosófica que remonta à Antiguidade, carregando em si um profundo mistério que atravessou eras e civilizações. Mais do que um sistema de crenças, é um guia para compreender o nosso mundo e o papel do ser humano como parte intrínseca e inseparável dele. Envolto em simbolismo, reverência e discrição, o hermetismo foi moldado por ensinamentos atribuídos a Hermes Trismegisto, uma figura enigmática cuja influência ressoa até hoje.

Para entender o hermetismo em toda sua complexidade, é necessário explorar suas raízes filosóficas e religiosas, seu contexto histórico, sua estrutura conceitual e o impacto que exerce na busca humana por significado e transcendência.

A palavra "hermetismo" deriva do nome Hermes Trismegisto, que significa "Hermes, o Três Vezes Grande". Essa figura é considerada uma fusão das divindades egípcia e grega: Thoth, o deus da sabedoria, da escrita e da magia no Egito, e Hermes, o deus grego da comunicação, do conhecimento e da transição. Trismegisto, ou "Três Vezes Grande", reflete a ideia de que ele dominou os três reinos do saber: o físico, o mental e o espiritual.

No contexto do hermetismo, Hermes Trismegisto é mais do que uma figura mitológica; ele é o arquétipo do mestre espiritual, o portador de verdades universais que transcendem tempo e espaço. Os textos atribuídos a ele, conhecidos como herméticos, são um compêndio de ensinamentos sobre a natureza da realidade, da alma e do divino.

A doutrina emergiu no Egito helenístico, um período em que as culturas grega e egípcia se fundiram, criando um ambiente fértil para a troca de ideias espirituais e filosóficas. Durante esse tempo, Alexandria tornou-se

O Caibalion

Hermes Mercurius Trismegistus, incrustação no piso da Catedral de Siena, Itália, datada de 1480.

um centro de aprendizado, onde místicos, filósofos e cientistas se reuniam para explorar os mistérios da existência.

Os textos herméticos, escritos em grego e mais tarde traduzidos para o latim e outras línguas, refletem essa fusão cultural. Eles combinam a visão cíclica e holística do cosmos egípcio com a lógica e a busca de ordem dos gregos. O resultado é uma doutrina que conecta os aspectos visíveis e invisíveis da realidade, enfatizando a interconexão de todas as coisas.

No entanto, o hermetismo não se limitou ao período helenístico. Ele exerceu uma influência significativa durante o Renascimento, quando textos herméticos redescobertos inspiraram artistas, cientistas e pensadores. O conteúdo de uma variedade desses escritos remonta às revelações de Hermes Trimegisto e divide-se em dois grupos:

- O hermetismo religioso-filosófico: fornece esclarecimentos sobre as origens e a natureza do mundo, além de instruções para adquirir a sabedoria, purificação e redenção da alma;

- O hermetismo técnico: foca em dominar a vida e controlar a natureza através do conhecimento oculto e da magia. Seus escritos descrevem diversas ideias sobre astrologia e alquimia, além da magia em si.

Apresentação

Com isso, a doutrina influenciou movimentos esotéricos e filosóficos posteriores, como o rosacrucianismo e a maçonaria, além da própria alquimia, perpetuando sua relevância ao longo dos séculos.

Filosofia e Religião

O hermetismo ensina que todas as coisas são manifestações de uma única fonte divina, chamada de "O Todo". Essa unidade subjacente significa que não há separação verdadeira entre o homem, o universo e o divino. Ao buscar o autoconhecimento, o indivíduo não apenas descobre a si mesmo, mas também o próprio Cosmos.

Outro conceito central é a ideia de transcendência. O hermetismo afirma que a condição humana é um estado intermediário entre o material e o espiritual, e que a alma possui o potencial de superar as limitações da existência terrena. Esse processo, conhecido como ascensão, é tanto uma meta filosófica quanto uma prática espiritual.

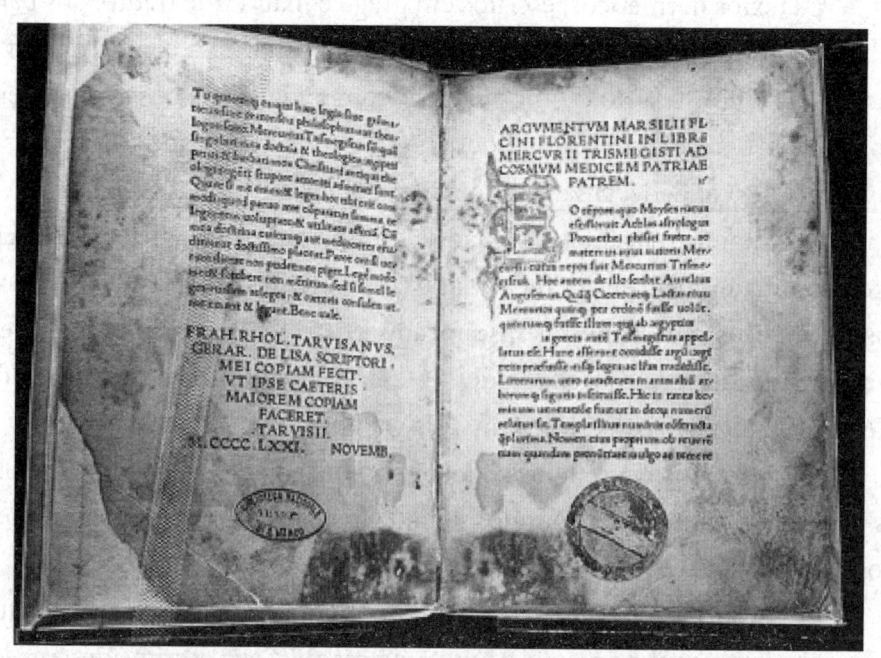

Primeira edição em latim de Corpus Hermeticum, traduzida por Masilio Ficino. Obra datada de 1471, exposta em The Ritman Library, Amsterdã, Países Baixos.

O hermetismo é, simultaneamente, uma filosofia que busca compreender as leis que governam o universo e uma religião que guia o ser humano em direção à união com o divino. Essa dualidade está no coração de sua doutrina, onde razão e reverência, ciência e espiritualidade, coexistem em harmonia. Mais do que simplesmente oferecer respostas, o hermetismo convida à experiência direta do divino e à descoberta das conexões ocultas entre o homem e o cosmos.

No aspecto religioso, o hermetismo enfatiza a busca pela *gnose*, que pode ser definida como o conhecimento direto e experiencial do divino. Diferentemente de muitas tradições religiosas que se baseiam na fé cega ou na obediência a dogmas, o hermetismo propõe um caminho de autodescoberta e iluminação. Ele sugere que o homem é uma extensão do cosmos e, como tal, contém dentro de si o potencial para compreender e alcançar sua origem divina.

O conceito de gnose no hermetismo é profundamente espiritual, mas também prático. Ele envolve uma jornada interior, onde o indivíduo deve superar ilusões, transcender o ego e alinhar-se às leis universais. Essa jornada não é passiva; requer esforço consciente, estudo, meditação e prática espiritual. No entanto, o hermetismo também ensina que o progresso espiritual é uma parceria entre o esforço humano e a graça divina – uma união de forças que leva ao despertar do verdadeiro potencial do ser.

Para o hermetista, a união com o divino não é uma experiência externa, mas uma realização interna. É a percepção de que o divino não está distante ou separado, mas presente em cada aspecto da criação e, principalmente, dentro do próprio ser humano. Essa percepção transforma a vida cotidiana em um campo de prática espiritual, onde cada pensamento, ação e decisão são oportunidades para se alinhar com o Todo.

Já no aspecto filosófico, o hermetismo busca decifrar o grande enigma do universo. Ele parte do princípio de que o cosmos é regido por leis universais imutáveis, e que compreender essas leis é a chave para desvendar a natureza da realidade. Para os hermetistas, não há separação real entre o macrocosmo (o universo em sua vastidão) e o microcosmo (o ser humano em sua individualidade). Ambos são manifestações do mesmo princípio subjacente, o Todo.

Os Princípios do Hermetismo

Os fundamentos do hermetismo são descritos em sete princípios universais, apresentados no clássico *O Caibalion*. Esses princípios encapsulam as leis fundamentais do universo e oferecem um mapa para compreender e navegar pela existência.

1. Mentalismo

"O Todo é Mente; o universo é mental." Esse princípio afirma que a realidade é, em sua essência, uma manifestação da consciência universal. Assim como o universo surge da mente divina, nossas vidas são moldadas por nossos pensamentos e intenções.

2. Correspondência

"Como em cima, é embaixo; como dentro, é fora." Esse princípio descreve a conexão entre diferentes níveis de existência, sugerindo que o macrocosmo reflete o microcosmo. Entender um aspecto da realidade pode iluminar todos os outros.

3. Vibração

"Nada está parado; tudo se move; tudo vibra." O princípio da vibração revela que tudo no universo, desde átomos até galáxias, está em constante movimento. As frequências vibracionais determinam a forma e a experiência da realidade.

4. Polaridade

"Tudo é dual; tudo tem polos." Este princípio ensina que os opostos são aspectos diferentes de uma mesma essência. Luz e escuridão, calor e frio, são apenas graus diferentes da mesma verdade.

5. Ritmo
"Tudo flui, para dentro e para fora." O princípio do ritmo descreve os ciclos do universo, desde as estações do ano até os altos e baixos emocionais. Compreender esse fluxo permite encontrar equilíbrio.

6. Causa e Efeito
"Cada causa tem seu efeito; cada efeito tem sua causa." Esse princípio sugere que nada acontece por acaso. Todas as ações têm consequências, e compreender essa dinâmica nos dá controle sobre nossas escolhas.

7. Gênero
"O gênero está em tudo." Este princípio transcende a biologia e descreve a dualidade criativa do universo. O masculino e o feminino, como energias complementares, estão presentes em todos os aspectos da criação.

Sobre a Autoria de *O Caibalion*

Intrigante quanto os ensinamentos do livro é o mistério que cerca seus autores, conhecidos apenas como "Os Três Iniciados". Esse anonimato cuidadosamente preservado tem alimentado especulações e debates há mais de um século. Quem eram essas pessoas? Por que escolheram o anonimato? E como um livro tão marcante surgiu sem que sua autoria fosse plenamente revelada?

O livro foi publicado pela Yogi Publication Society, uma editora especializada em textos espirituais e ocultistas. Essa escolha não foi por acaso: a sociedade era conhecida por sua conexão com autores ligados ao Novo Pensamento e ao ocultismo, incluindo o próprio Atkinson. A publicação discreta, sem qualquer esforço promocional ostensivo, reforça a ideia de que *O Caibalion* foi concebido como um "manual reservado" para iniciados.

A escolha de se esconder atrás de um pseudônimo coletivo não foi um simples capricho. Faz parte da própria essência do hermetismo, que

Apresentação

valoriza o conteúdo do conhecimento acima de seus transmissores. No entanto, essa decisão também gerou um fascínio inevitável, transformando os Três Iniciados em figuras quase míticas.

A obra em si não fornece nenhuma pista direta sobre quem escreveu suas páginas. Com a escolha do anonimato, os autores permitiram que o foco recaísse inteiramente sobre a mensagem. Essa abordagem reflete a tradição esotérica do hermetismo, onde o conhecimento é considerado sagrado destinado à poucos iniciados. O anonimato, portanto, pode ser interpretado como um gesto de humildade e reverência ao conteúdo da obra.

Entre as hipóteses mais amplamente aceitas, a figura de William Walker Atkinson se destaca. Atkinson foi um escritor prolífico, advogado e editor norte-americano, amplamente associado ao Movimento do Novo Pensamento – uma corrente filosófica e espiritual que enfatizava o poder do pensamento positivo e a conexão entre a mente e a realidade.

Atkinson possuía um profundo interesse pelo ocultismo e pela filosofia hermética, e muitos de seus escritos exploram conceitos similares aos encontrados em *O Caibalion*. Além disso, ele era conhecido por escrever sob pseudônimos, o que reforça a possibilidade de que tenha participado ou liderado a criação do livro.

Porém, mesmo que Atkinson tenha sido o principal autor, ele dificilmente trabalhou sozinho. A inclusão do termo "Três Iniciados" sugere a colaboração de outras mentes igualmente eruditas. Quem seriam esses colaboradores? Algumas teorias apontam para nomes como Paul Foster Case, fundador de uma ordem ocultista baseada no tarot, e Harriet Case, uma escritora espiritualista. Outros acreditam que os coautores podem ter sido estudantes ou colegas próximos de Atkinson, unidos por um interesse compartilhado na disseminação dos ensinamentos herméticos.

Outra teoria sugere que os Três Iniciados eram membros de uma sociedade secreta dedicada ao estudo e preservação do hermetismo. No início do século XX, organizações como a Ordem Hermética da Aurora Dourada e a Sociedade Teosófica estavam em seu auge, promovendo o ressurgimento de ideias esotéricas no Ocidente. É possível que *O Caibalion* tenha sido uma tentativa de transmitir esses ensinamentos a um público mais amplo, mas de maneira codificada e discreta.

Essa hipótese é reforçada pelo estilo do livro, que combina uma linguagem acessível com um tom de mistério deliberado. Os autores parecem falar diretamente ao leitor, como se estivessem conduzindo uma iniciação espiritual. Isso sugere que, embora o livro tenha sido publicado de forma aberta, ele teria sido intencionalmente escrito para impactar apenas aos que já estavam familiarizados com a doutrina.

Outra possibilidade intrigante é que os Três Iniciados não sejam pessoas reais, mas representações simbólicas. Eles poderiam simbolizar diferentes aspectos do ser humano – mente, corpo e espírito – ou mesmo os três níveis de conhecimento descritos na tradição hermética: físico, mental e espiritual.

Essa interpretação adiciona uma camada de profundidade a *O Caibalion*. Se os autores forem vistos como arquétipos em vez de indivíduos, o próprio livro se torna uma espécie de guia vivo, um mestre que continua a ensinar e inspirar independentemente de quem o tenha escrito.

O Legado dos Três Iniciados

Independentemente de quem foram os Três Iniciados, seu legado é inegável. *O Caibalion* permanece uma obra seminal, um marco na disseminação da filosofia hermética para o mundo moderno. Seu anonimato, longe de ser um obstáculo, contribuiu para seu impacto duradouro, permitindo que a obra transcendesse limitações pessoais e culturais.

O mistério em torno dos autores continua a instigar a imaginação, convidando cada leitor a se tornar parte do enigma. Afinal, como ensina o próprio *Caibalion*: "Os lábios da sabedoria estão fechados, exceto aos ouvidos do entendimento."

Sem a figura de autores conhecidos para moldar a interpretação, o leitor é incentivado a adotar um papel ativo, refletindo e aplicando os ensinamentos por conta própria. Essa abordagem estimula uma conexão direta com o conteúdo, como se os segredos contidos no livro fossem sussurrados exclusivamente ao leitor.

Em muitos aspectos, essa estratégia ecoa a tradição oral do hermetismo, onde o conhecimento era transmitido de mestre para discípulo em um processo direto e reservado. Nesse modelo, a mensagem era considerada mais importante do que o mensageiro, e cabia ao discípulo a tarefa de decifrar e integrar os ensinamentos à sua vida. Talvez os Três Iniciados não estejam distantes, mas sim presentes em cada um de nós, prontos para despertar quando estivermos preparados. *O Caibalion* perpetua essa tradição, convidando cada leitor a se tornar um participante ativo na jornada de autoconhecimento e compreensão universal.

A Obra na Atualidade

Desde sua publicação, *O Caibalion* tem cativado leitores de todos os cantos do mundo. Sua recepção inicial foi marcada por um misto de fascínio e reverência. Muitos o consideraram um guia indispensável para a compreensão das leis universais, enquanto outros foram atraídos pela aura de mistério que cerca tanto a obra quanto seus autores. O texto logo se tornou uma referência em círculos esotéricos e espiritualistas, sendo adotado como base para estudos e práticas em sociedades ocultas e por buscadores independentes.

O impacto do livro, no entanto, não se limita aos adeptos do ocultismo. *O Caibalion* transcendeu as barreiras de gênero, religião e cultura, encontrando eco em movimentos de autodesenvolvimento e até mesmo na ciência. Suas ideias sobre o Mentalismo, por exemplo, antecipam discussões modernas sobre a relação entre mente e matéria, sugerindo que a consciência é o fundamento da realidade. Da mesma forma, o Princípio da Vibração ressoa com descobertas científicas sobre a natureza vibracional do universo, conectando o antigo ao contemporâneo de maneira surpreendente.

Hoje, mais de um século após sua publicação, *O Caibalion* continua a inspirar e intrigar. Ele é estudado em cursos de filosofia, psicologia e espiritualidade, sendo citado como uma obra que oferece tanto uma visão profunda da existência quanto ferramentas práticas para a transformação pessoal. Muitos leitores relatam que sua primeira leitura do livro foi apenas o começo de uma jornada de autodescoberta, e que cada releitura revela novos insights e possibilidades.

Mas, talvez, o maior impacto de *O Caibalion* esteja em sua capacidade de desafiar e envolver. Ele não oferece respostas fáceis; em vez disso, convida o leitor a refletir, questionar e experimentar. Sua mensagem, envolta em mistério e beleza, permanece tão relevante hoje quanto era no momento de sua publicação, um testemunho da atemporalidade dos princípios herméticos.

Curiosidades

1. Influência no Renascimento

Durante o Renascimento, os textos herméticos recuperados influenciaram grandes pensadores e artistas, incluindo Leonardo da Vinci e Giordano Bruno. Essa redescoberta ajudou a moldar a ciência moderna e a visão de mundo ocidental.

2. Impacto na Psicologia Moderna

O princípio do Mentalismo, que afirma "O Todo é Mente; o universo é mental", é frequentemente relacionado à psicologia positiva e às práticas de mindfulness. Ele reflete a ideia de que os pensamentos moldam a realidade, uma noção amplamente aceita em abordagens terapêuticas contemporâneas.

3. Harmonia com a Física Quântica

Muitos veem paralelos entre o princípio da Vibração, que afirma que "tudo se move; tudo vibra", e a teoria quântica, que explora como partículas subatômicas estão em constante movimento. Essa conexão tem inspirado diálogos entre ciência e espiritualidade.

Apresentação

4. Ressurgimento em Livros e Séries

A filosofia hermética tem reaparecido em séries, filmes e romances contemporâneos, como em histórias que exploram a relação entre ciência e espiritualidade ou o poder transformador da mente, como a série "Dark" e o filme "Matrix".

5. Prática em Gestão Empresarial

Alguns empresários têm usado princípios como Causa e Efeito e Ritmo para desenvolver estratégias que priorizam a adaptabilidade e a sustentabilidade em mercados cada vez mais voláteis.

6. Ensinamentos na Era da Informação

Na era digital, **O Caibalion** encontrou uma nova geração de leitores que buscam sabedoria em um mundo saturado de dados, provando que os princípios herméticos continuam relevantes para ajudar a interpretar a realidade.

7. Foco em Bem-Estar Mental e Espiritual

Com o aumento do interesse por saúde mental, **O Caibalion** oferece insights que conectam o bem-estar psicológico à compreensão mais ampla das leis universais, promovendo equilíbrio e paz interior.

Introdução

Temos grande prazer em apresentar à atenção dos alunos e investigadores das Doutrinas Secretas este pequeno trabalho baseado nos antigos Ensinamentos Herméticos. Existem poucos escritos sobre este assunto, apesar das incontáveis referências aos Ensinamentos nas muitas obras sobre o ocultismo, os quais os muitos buscadores sérios dos Arcanos da Verdade, sem dúvida, receberão de forma acolhedora a aparência deste volume atual.

O objetivo deste trabalho não é a enunciação de qualquer Filosofia ou doutrina especial, mas sim dar aos alunos uma declaração da Verdade[1] que servirá para conciliar os muitos conhecimentos ocultos que possam ter adquirido, mas que aparentemente se opõem uns aos outros e que muitas vezes servem para desencorajar e criar aversão no iniciante deste estudo. Nossa intenção não é erguer um novo Templo do Conhecimento, mas sim colocar nas mãos do aluno uma Chave-Mestra com a qual ele poderá abrir as muitas portas internas no Templo do Mistério através dos principais portais já entrados pelo aluno.

Não há nenhuma parte dos ensinamentos ocultos possuídos pelo mundo que foram tão bem guardados como os fragmentos dos Ensinamentos Herméticos que chegaram até nós através dos séculos que se passaram desde a vida de seu grande fundador, Hermes Trismegisto, o "escriba dos deuses", que habitava o Antigo Egito, nos dias em que a atual raça dos homens estava em sua infância. Contemporâneo de Abraão, e, se as lendas forem verdadeiras, um instrutor desse venerável sábio, Hermes foi,

---

[1] Por conta de se manter a fidelidade ao original, mantivemos os substantivos capitalizados conforme o manuscrito dos autores. (N. da T.)

Introdução

e é, o Grande Sol Central do Ocultismo, cujos raios serviram para iluminar os inúmeros ensinamentos que foram promulgados desde o seu tempo. Todos os ensinamentos fundamentais e básicos contidos nos ensinamentos esotéricos de cada raça podem ser rastreados de volta até Hermes. Mesmo os ensinamentos mais antigos da Índia, sem dúvida, têm suas raízes nos ensinamentos herméticos originais.

Da terra do Ganges, muitos ocultistas avançados vagaram até a terra do Egito, e sentaram-se aos pés do Mestre. A partir dele, eles obtiveram a Chave-Mestra que explicava e conciliava suas opiniões divergentes, e assim a Doutrina Secreta foi firmemente estabelecida. De outras terras também vieram os eruditos, todos os quais consideravam Hermes como o Mestre dos Mestres, e sua influência era tão grande que, apesar das muitas andanças pelo caminho, ao longo dos séculos, de professores nas diferentes terras, ainda pode ser encontrada uma certa semelhança básica e correspondência que sustenta as muitas e divergentes teorias entretidas e ensinadas hoje pelos ocultistas dessas diferentes terras. Os estudantes de religiões comparadas serão capazes de perceber a influência dos Ensinamentos Herméticos em todas as religiões dignas do nome, agora conhecidas pelo Homem, seja essa uma Religião morta ou em pleno vigor em nossos próprios tempos. Há sempre certas correspondências, apesar das características contraditórias, e os Ensinamentos Herméticos agem como o Grande Conciliador.

O trabalho de vida de Hermes parece ter sido na intenção do plantio da grande Verdade-Semente, que cresceu e floresceu em tantas formas estranhas, em vez de estabelecer uma escola de Filosofia que dominaria o pensamento do mundo. Mas as Verdades originais ensinadas por ele foram mantidas intactas em sua pureza original por poucos homens ao longo dos séculos, que, recusando grande número de estudantes e seguidores pouco desenvolvidos, mantiveram o costume hermético e reservaram sua Verdade para os poucos que estavam prontos para compreendê-la e dominá-la. De lábio a ouvido, a Verdade foi transmitida entre poucos. Sempre houve alguns iniciados em cada geração, nas várias terras da Terra, que mantiveram viva a chama sagrada dos Ensinamentos Herméticos e eles sempre estiveram dispostos a usar suas lâmpadas para reacender as lâmpadas menores do mundo exterior, quando a luz da Verdade ficou fraca e nublada por motivo de negligência, e quando os pavios ficaram contaminados com matéria estranha. Havia sempre alguns para cuidar fielmente do altar da Verdade, sobre o qual foi mantida acesa a Lâmpada Perpétua da Sabedoria. Estes homens dedicaram suas vidas ao trabalho de amor que o poeta tão bem declarou em suas falas:

"Ó, não deixem a chama morrer! Celebrada século após século em sua caverna escura — e em seus estimados templos sagrados. Alimentada por ministros puros do amor — não deixem a chama morrer!"

Estes homens nunca procuraram aprovação popular, nem grande número de seguidores. Eles são indiferentes a essas coisas, pois sabem como são poucos em cada geração que estão prontos para a Verdade, ou que a reconheceriam se fossem apresentados a ela. Eles reservam a "carne forte para os homens", enquanto outros fornecem o "leite para os bebês". Reservam suas pérolas de Sabedoria para os poucos eleitos, que reconhecem seu valor e que as usam em suas coroas, em vez de lançá-las diante dos porcos vulgares materialistas, que as pisoteariam na lama e as misturariam com seu alimento mental imundo. Mas ainda assim esses homens nunca esqueceram ou ignoraram os ensinamentos originais de Hermes, em relação ao repasse das palavras da Verdade para aqueles prontos para recebê-la, o que é declarado no Caibalion da seguinte forma: "Onde recaem os passos do Mestre, os ouvidos daqueles que estão prontos para seu ensinamento se abrem". E novamente: "Quando os ouvidos do aluno estão prontos para ouvir, então apresentam-se os lábios para preenchê-los com Sabedoria." Mas sua atitude habitual sempre foi estritamente de acordo com o outro aforismo hermético, também no Caibalion: "Os lábios da Sabedoria estão fechados, exceto para os ouvidos do Entendimento".

Introdução

Há aqueles que criticaram essa atitude dos Hermetistas, e que alegaram que não manifestaram o espírito adequado em sua política de reclusão e reticência. Mas um olhar voltado às páginas da história mostrará a Sabedoria dos Mestres, que sabiam sobre a loucura de tentar ensinar ao mundo o que ele não estava nem pronto ou disposto a receber. Os Hermetistas nunca procuraram ser mártires, e, em vez disso, sentaram-se silenciosamente com um sorriso piedoso em seus lábios fechados, enquanto os bárbaros se enfureceram ruidosamente sobre eles em sua habitual diversão de colocar à morte e torturar os entusiastas honestos, mas equivocados, que imaginavam que poderiam forçar sobre uma raça de bárbaros a Verdade que só poderia ser entendida pelos eleitos que haviam avançado ao longo do Caminho.

E o espírito de perseguição ainda não morreu na Terra. Há certos Ensinamentos Herméticos, que, se promulgados publicamente, derrubariam os divulgadores com um grande grito de desprezo da multidão, que levantaria novamente o brado: "Crucifique! Crucifique!"

Nesta obra, desejamos dar-lhe uma ideia dos ensinamentos fundamentais do Caibalion, esforçando-nos para lhe passar os comoventes Princípios, deixando-os que se apliquem, em vez de tentar trabalhar o ensino em detalhes. Se você é um aluno de Verdade, então será capaz de compreender e aplicar esses Princípios — se não, então você deve desenvolver-se em um, pois caso contrário, os Ensinamentos Herméticos serão apenas como "palavras, palavras e palavras" para você.

Os Três Iniciados

Capítulo I
A Filosofia Hermética

*"Os lábios da Sabedoria estão fechados,
exceto para os ouvidos do entendimento."* — O Caibalion

Do Antigo Egito vieram os ensinamentos esotéricos e ocultos fundamentais que influenciaram tão fortemente as Filosofias de todas as raças, nações e povos, por vários milhares de anos. O Egito, o lar das pirâmides e da esfinge, foi o berço da Sabedoria Oculta e dos Ensinamentos Místicos. Todas as nações tomaram emprestado sua Doutrina Secreta. Índia, Pérsia, Caldeia, China, Japão, Assíria, Grécia Antiga e Roma, e outros países antigos, participaram, fartamente, da festa do conhecimento que os Hierofantes e mestres da Terra de Ísis tão livremente forneceram para aqueles que vieram preparados para participar da grande abundância de Preceitos Místicos e Ocultos que as mentes daquela terra antiga haviam reunido, continuamente.

No Antigo Egito, habitavam os grandes adeptos e mestres que nunca foram superados e que raramente foram igualados desde os dias do Grande Hermes até os posteriores séculos de sua dispersão. No Egito estava localizada a Grande Loja das Lojas dos Místicos. Pelas portas de seus Templos entraram os neófitos que depois, como Hierofantes, Adeptos e Mestres, viajaram para os quatro cantos da Terra, levando consigo o precioso conhecimento, para o qual estavam prontos, ansiosos e dispostos a passar àqueles que estavam aptos para recebê-lo. Todos os alunos do Oculto reconhecem a dívida que devem a esses veneráveis Mestres daquela terra antiga.

Mas entre esses grandes mestres do Egito Antigo, uma vez habitou um que os mestres saudaram como "O Mestre dos Mestres". Tal homem, se "homem" de fato ele era, habitou no Egito durante os tempos primordiais, e era conhecido como Hermes Trismegisto. Hermes era o pai da Sabedoria Oculta, o fundador da Astrologia, o descobridor da Alquimia. Os detalhes de sua história de vida estão perdidos devido ao lapso de milhares anos, embora vários dos países antigos disputassem entre si, em suas reivindicações, ter a honra de ter sido seu local de nascimento. A data de sua estadia no Egito, onde ocorreu sua última encarnação neste planeta, já não é conhecida, mas foi fixada nos primeiros dias das dinastias mais antigas do Egito, muito antes dos dias de Moisés. As melhores autoridades o consideram um contemporâneo de Abraão, e algumas das tradições judaicas vão tão longe a ponto de afirmar que Abraão adquiriu uma parte de seu conhecimento místico através do próprio Hermes.

Com o passar dos anos, após sua partida deste plano de vida (a tradição registra que ele viveu trezentos anos em carne e osso), os egípcios deificaram Hermes, e fizeram dele um de seus deuses, sob o nome de Toth. Anos depois, o povo da Grécia Antiga também o fez um de seus muitos deuses — chamando-o de "Hermes, o deus da Sabedoria". Os egípcios reverenciaram sua memória por dezenas de séculos, chamando-o de "escriba dos deuses", e, dessa forma, concederam a ele, distintamente, seu antigo título, "Trismegisto", que significa "o três vezes grande"; "o grande entre os grandes" e etc. Em todas as terras antigas, o nome de Hermes Trismegisto era reverenciado, sendo o nome sinônimo de "Fonte da Sabedoria".

Até hoje, usamos o termo "hermético" no sentido de "segredo"; "selado para que nada possa escapar". Esse fato ocorre em razão de que os seguidores de Hermes sempre observaram o princípio do sigilo em seus ensinamentos. Eles não acreditavam em "não lançar pérolas aos porcos", mas sim no ensinamento de dar "leite para bebês" e "carne para homens feitos". Ambas as máximas são familiares aos leitores das escrituras cristãs, mas ambas foram usadas pelos egípcios durante muitos séculos, antes da Era cristã.

E essa política de disseminação cuidadosa da Verdade sempre caracterizou os Herméticos, até mesmo nos dias atuais. Os Ensinamentos Herméticos devem ser encontrados em todas as terras, entre todas as religiões, mas nunca identificados com nenhum país ou seita religiosa em particular. Isso ocorreu por causa do aviso dos antigos professores contra a questão de permitir que Doutrina Secreta se cristalizasse em um credo. A Sabedoria dessa cautela é evidente para todos os estudantes de História. O antigo ocultismo da Índia e da Pérsia degenerou e foi em grande parte perdido devido ao fato de que os professores se tornaram sacerdotes e, assim, misturaram a Teologia com a Filosofia, gerando um resultado em que o ocultismo da Índia e da Pérsia foi gradualmente perdido em meio à massa de superstição religiosa, cultos, credos e "deuses". Assim foi com a Grécia Antiga e Roma, e assim foi com os Ensinamentos Herméticos dos Gnósticos e Cristãos Primitivos, que se perderam na época de Constantino, cuja mão de ferro sufocou a Filosofia com o cobertor da Teologia, levando a Igreja Cristã a perder sua própria essência e espírito, fazendo com que ela claudicasse ao longo de vários séculos antes de encontrar o caminho de volta à sua fé original; indicando para todos os observadores cuidadosos do século XX que a Igreja está agora lutando para voltar aos seus antigos ensinamentos místicos.

Mas, ainda assim, sempre houve algumas almas fiéis que mantiveram viva a Chama, alimentando-a com cuidado, e não permitindo que sua luz se extinguisse. E graças a esses corações firmes e mentes destemidas, ainda temos a Verdade conosco, ainda que a maior parte desta não seja encontrada em livros. Foi passada de Mestre para Estudante; de Iniciado para Hierofante; dos lábios aos ouvidos. Quando foi escrita, seu significado foi velado em termos de alquimia e Astrologia para que apenas aqueles que possuíam a chave pudessem lê-la direito. Isso foi necessário para evitar as perseguições dos teólogos da

A Filosofia Hermética

Idade Média, que lutaram contra a Doutrina Secreta com fogo e espada, estaca, forca e cruz. Até hoje, são encontrados poucos livros confiáveis sobre a Filosofia Hermética, embora existam inúmeras referências a ela em muitas obras escritas em várias fases do Ocultismo. Ainda assim, a Filosofia Hermética é a única Chave-Mestra que abrirá todas as portas dos Ensinamentos Ocultos!

Nos tempos iniciais, houve uma compilação de certas Doutrinas Herméticas Básicas, transmitidas de professor para aluno, que era conhecida como "Caibalion", e cujo significado exato do termo se perdeu ao longo dos vários séculos. Esse ensinamento, no entanto, é conhecido por muitos a quem foi transmitido da boca aos ouvidos no decorrer dos séculos. Os preceitos nunca foram escritos, ou impressos, até onde sabemos. Era apenas uma coleção de máximas, axiomas e princípios, que eram incompreendidos para pessoas de fora, mas que eram facilmente compreendidos pelos alunos, depois que os axiomas, máximas e preceitos tinham sido explicados e exemplificados pelos Iniciados Herméticos aos seus Neófitos. Esses ensinamentos realmente constituíam os princípios básicos de "A Arte da Alquimia Hermética" que, ao contrário da crença geral, tratava do domínio das Forças Mentais, em vez de Elementos Materiais, como a Transmutação de algum tipo das Vibrações Mentais para outro, em vez da mudança de um tipo de metal para outro. As lendas da "Pedra Filosofal" que transformaria o metal base em ouro era uma alegoria relacionada à Filosofia Hermética, facilmente entendida por todos os estudantes do verdadeiro Hermetismo.

Neste pequeno livro, do qual esta é a Primeira Lição, convidamos nossos alunos a examinar os Ensinamentos Herméticos conforme estabelecidos no Caibalion e como explicado por nós mesmos, alunos humildes dos Ensinamentos, que, enquanto trazem o título de Iniciados, ainda são alunos aos pés de Hermes, o Mestre. Nós aqui lhe damos muitas das máximas, axiomas e preceitos do Caibalion, acompanhados de explicações e ilustrações que consideramos passíveis de tornar os ensinamentos mais facilmente compreendidos pelo aluno moderno, particularmente porque o texto original é propositalmente velado com termos obscuros.

O Caibalion

As máximas originais, axiomas e preceitos do Caibalion são impressos aqui entre aspas e com o crédito adequado. Já o nosso próprio trabalho é impresso de forma regular. Confiamos que os muitos alunos a quem agora oferecemos este pequeno trabalho receberão benefícios tanto do estudo de suas páginas, quanto dos muitos que já vieram antes, trilhando o mesmo Caminho do Adepto ao longo dos séculos que se passaram desde os tempos de Hermes Trismegisto — o Mestre dos Mestres — o Três Vezes Grande. Nas palavras de "O Caibalion":

> *"Onde recaem os passos do Mestre, os ouvidos daqueles que estão prontos para seu Ensino se abrem."* — O Caibalion
> *"Quando os ouvidos do aluno estiverem prontos para ouvir, então virão os lábios para preenchê-los com Sabedoria."* — O Caibalion

Assim, de acordo com os preceitos acima, a transmissão deste livro apenas atrairá a atenção daqueles que estão preparados para receber o Ensinamento. E, da mesma forma, quando o aluno estiver pronto para receber a Verdade, então este livro lhe aparecerá. Essa é a Lei. O Princípio Hermético de Causa e Efeito, em seu aspecto de Lei da Atração, reunirá lábios e ouvidos, aluno e livro. Então, que assim seja!

Capítulo II
Os Sete Princípios Herméticos

"Os Princípios da Verdade são Sete; aquele que os conhece perfeitamente possui a Chave Mágica com a qual todas as Portas do Templo serão completamente abertas." — O Caibalion

Os Sete Princípios Herméticos, sobre os quais toda a Filosofia Hermética se baseia, são os seguintes:

O Princípio do Mentalismo.
O Princípio da Correspondência.
O Princípio da Vibração.
O Princípio da Polaridade.
O Princípio do Ritmo.
O Princípio da Causa e do Efeito.
O Princípio do Gênero.

Estes Sete Princípios serão discutidos e explicados à medida que procedermos com essas lições. Uma breve explicação de cada um, no entanto, pode muito bem ser dada neste momento.

1. O Princípio do Mentalismo
"O TODO É MENTE; O Universo é Mental." — O Caibalion

Este Princípio incorpora a Verdade de que "Tudo é Mente". Explica que o TODO (que é a Realidade Substancial oculta em todas as manifestações e aparências externas que conhecemos sob os termos de "Universo Material"; os "Fenômenos da Vida"; "Matéria"; "Energia"; e, em suma, tudo o que é aparente aos nossos sentidos materiais) é o ESPÍRITO que por si só é INCOMPREENSÍVEL e INDEFINÍVEL, mas que pode ser considerado e pensado como UMA MENTE UNIVERSAL, INFINITA E VIVA. Também explica que todo o mundo ou universo fenomenal é simplesmente uma Criação Mental do TODO, sujeita às Leis das Coisas Criadas, e que o Universo, como um todo, e em suas partes ou unidades, tem sua existência na Mente do TODO, em cuja mente "vivemos e nos movemos e temos a nossa existência". Este Princípio, ao estabelecer a Natureza Mental do Universo, explica facilmente todos os variados fenômenos mentais e psíquicos que ocupam uma parcela tão grande da atenção pública, e que, sem tal explicação, são indecifráveis e desafiam o tratamento científico. A compreensão desse grande Princípio Hermético do Mentalismo permite que o indivíduo compreenda prontamente as leis do Universo Mental e o aplique ao seu bem-estar e crescimento. O Estudante Hermético é habilitado a aplicar de forma inteligente as grandes Leis Mentais, em vez de usá-las de forma casual.

Com a Chave-Mestra em sua posse, o aluno pode abrir as muitas portas do templo mental e psíquico do conhecimento, e entrar por elas livre e inteligentemente. Este Princípio explica a verdadeira natureza de "Energia", "Poder" e "Matéria", bem como o motivo e como tudo isso está subordinado ao domínio da mente. Um dos antigos Mestres Herméticos escreveu, há muito tempo: "Aquele que compreende a Verdade da Natureza Mental do Universo está bem avançado no Caminho da Maestria". E essas palavras são tão verdadeiras hoje como na época em que foram escritas pela primeira vez. Sem esta Chave-Mestra, o Domínio é impossível, e o aluno baterá, em vão, nas muitas portas do Templo.

2. O Princípio da Correspondência
"Como acima, assim abaixo; como abaixo, assim acima." — O Caibalion

Este Princípio incorpora a Verdade de que há sempre uma correspondência entre as leis e fenômenos dos vários planos do Ser e da Vida. O velho axioma hermético é dito com estas palavras: "Como acima, assim abaixo; como abaixo, assim acima." A compreensão deste Princípio dá aos homens um meio de resolver muitos paradoxos sombrios e segredos ocultos da Natureza. Existem planos além do nosso conhecimento, mas quando aplicamos o Princípio da Correspondência a eles, somos capazes de entender muito mais do que, do contrário, seria incompreensível. Este Princípio é de aplicação e manifestação universal, nos vários planos do universo material, mental e espiritual: é uma Lei Universal.

Os antigos Hermetistas consideravam este Princípio como um dos mais importantes instrumentos mentais, pelos quais o homem era capaz de se afastar dos obstáculos que encobrem o Desconhecido. Seu uso constante rasgava até mesmo o Véu de Ísis, e um vislumbre do rosto da deusa podia ser capturado. Assim como o conhecimento dos Princípios da Geometria permite que o Homem meça sóis distantes e seus movimentos, enquanto sentado em seu observatório, assim o conhecimento do Princípio da Correspondência permite ao Homem raciocinar inteligentemente do Conhecido ao Desconhecido. Estudando a mônada, ele entende o arcanjo.

3. O Princípio da Vibração
"Nada está parado; tudo se move; tudo vibra." — O Caibalion

Este Princípio incorpora a Verdade de que "tudo está em movimento"; "tudo vibra"; "nada está em repouso"; fatos que a ciência moderna endossa e que cada nova descoberta científica tende a confirmar. Ainda assim, este Princípio Hermético foi enunciado milhares de anos atrás pelos Mestres do Antigo Egito. Este Princípio explica que as diferenças entre as diversas manifestações da Matéria, Energia, Mente e até mesmo Espírito, resultam em grande parte de diferentes taxas de Vibração. Desde o TODO, que é o Puro Espírito, até a forma mais grosseira da Matéria, tudo está em vibração, e quanto maior a vibração, maior a posição na escala. A vibração do Espírito está em uma taxa tão infinita de intensidade e rapidez que aparenta estar em repouso, assim como uma roda em movimento rápido parece estar imóvel. E na outra ponta da escala há formas brutas de matéria cujas vibrações são tão baixas a ponto de parecer em repouso. Entre esses polos, há milhões e milhões de diferentes graus de vibração. De corpúsculo ao elétron, do átomo à molécula, de mundos a universos, tudo está em movimento vibratório. Isso também é Verdade nos planos de energia e força (que são apenas diferentes graus de vibração); e dos planos mentais (cujos estados dependem de vibrações); e até mesmo para os planos espirituais. A compreensão deste Princípio, com as fórmulas apropriadas, permite que os alunos herméticos controlem suas próprias vibrações mentais, bem como as de outros. Os Mestres também aplicam este Princípio à conquista dos fenômenos naturais, de várias formas. "Aquele que entende o Princípio da Vibração, tomou o cetro do poder", diz um dos velhos escritores.

4. O Princípio da Polaridade
"Tudo é Dual; tudo tem polos; tudo tem seu par oposto; o igual e o desigual são os mesmos; os opostos são idênticos na natureza, mas em grau diferente; extremos se encontram; todas as Verdades são meias Verdades; todos os paradoxos podem ser reconciliados." — O Caibalion

Este Princípio incorpora a Verdade de que "tudo é duplo"; "tudo tem dois polos"; "tudo tem seus dois opostos", os quais eram antigos axiomas herméticos. Explicam os velhos paradoxos, que deixaram tantos perplexos e que foram declarados da seguinte forma: "A Tese e a Antítese são idênticas na natureza, mas em grau diferente"; "opostos são os mesmos, diferindo apenas em grau"; "os pares de opostos podem ser reconciliados"; "extremos se encontram"; "tudo é e não é, ao mesmo tempo"; "todas as Verdades são apenas meias Verdades"; "toda Verdade é meio falsa"; "há dois lados de tudo", etc... Explicam que em tudo há dois polos, ou aspectos opostos, e que os "opostos" são realmente apenas os dois extremos da mesma coisa, com muitos graus variados entre eles. Para ilustrar: Calor e Frio, embora "opostos", são realmente a mesma coisa, as diferenças consistem apenas em graus da mesma coisa.

Olhe para o seu termômetro e veja se você pode descobrir onde o "calor" termina e "frio" começa! Não existe tal coisa como "calor absoluto" ou "frio absoluto" — os dois termos "calor" e "frio" simplesmente indicam diferentes graus da mesma coisa, e essa "mesma coisa" que se manifesta como "calor" e "frio" é apenas uma forma, variedade e taxa de vibração.

Assim, "calor" e "frio" são simplesmente os "dois polos" do que chamamos de "Calor" — e os fenômenos resultantes são manifestações do Princípio da Polaridade. O mesmo Princípio se manifesta no caso de "Luz e Escuridão", que são a mesma coisa, consistindo a diferença apenas nos diversos graus entre os dois polos dos fenômenos. Onde a "escuridão" deixa de existir, e a "luz" começa? Qual é a diferença entre "grande e pequeno"? Entre "duro e macio"? Entre "preto e branco"? Entre o "perspicaz e o néscio"? Entre "barulho e silêncio"? Entre "alto e baixo"? Entre "positivo e negativo"?

O Princípio da Polaridade explica esses paradoxos, e nenhum outro Princípio pode substituí-lo. O mesmo Princípio opera no Plano Mental. Vamos dar um exemplo radical e extremo — o de "Amor e Ódio", dois estados mentais que, aparentemente, são totalmente diferentes. E ainda assim, existem graus de ódio e graus de amor, e um ponto do meio em que usamos os termos "igual ou desigual", que sombreiam um ao outro tão gradualmente que às vezes temos dificuldade em saber se "gostamos", ou se "não gostamos", ou "nenhum". E todos são simplesmente graus da mesma coisa, como será percebido se pensarem nisso por um momento. E mais (o que é de maior importância aos Hermetistas), é possível mudar as vibrações de Ódio para as vibrações de Amor, na própria mente, e na mente dos outros.

Muitos de vocês que leram essas linhas tiveram experiências pessoais da transição rápida involuntária do Amor para o Ódio, e o contrário, no seu próprio caso e do outro. E você perceberá, portanto, a possibilidade de isso ser realizado pelo uso da sua Vontade, por meio das fórmulas herméticas. "Bem e Mal" são apenas os polos da mesma coisa, e o Hermetista entende a arte de transmutar o Mal para o Bem, por meio de uma aplicação do Princípio da Polaridade. Em suma, a "Arte da Polarização" torna-se uma fase da "Alquimia Mental" conhecida e praticada pelos antigos e modernos Mestres Herméticos. Um entendimento do Princípio permitirá que alguém mude sua própria Polaridade, assim como a dos outros, se dedicar o tempo e o estudo necessários para dominar a arte.

5. O Princípio do Ritmo
"Tudo flui para fora e para dentro; tudo tem suas marés; todas as coisas sobem e caem; o balançar do pêndulo se manifesta em tudo; a medida do balanço para a direita é a medida do balanço para a esquerda; o ritmo é a compensação." — O Caibalion

Este Princípio incorpora a Verdade de que em tudo há manifestado um movimento mensurável de lá e para cá; um fluxo e contrafluxo; um balanço para trás e para a frente; um movimento parecido com um pêndulo; uma maré enchente e uma maré vazante; uma maré alta e uma maré baixa, entre os dois polos que existem de acordo com o Princípio da Polaridade descrito há pouco. Há sempre uma ação e uma reação; um avanço e um recuo; uma ascensão e um declínio. Isso é característica do Universo, dos sóis, mundos, homens, animais, mente, energia e matéria. Esta lei se manifesta na criação e destruição de mundos; na ascensão e queda das nações; na vida de todas as coisas; e, finalmente, nos estados mentais do Homem (e é com este último que os Hermetistas veem o entendimento do Princípio como o mais importante). Os Hermetistas compreenderam este Princípio, encontrando sua aplicação universal, e descobriram certos meios para superar seus efeitos sobre si mesmos pelo uso das fórmulas e métodos apropriados. Aplica-se a Lei Mental da Neutralização. Eles não podem anular o Princípio, ou fazer cessar seu funcionamento, mas aprenderam a neutralizar seus efeitos sobre si mesmos em um certo grau, dependendo do domínio do Princípio. Eles aprenderam a usá-lo, em vez de serem usados por ele.

Nisto, e em métodos similares, consiste a Arte dos Hermetistas. O Mestre dos Hermetistas polariza-se no ponto em que deseja descansar, e então neutraliza a Oscilação Rítmica, como um pêndulo, que tenderia a levá-lo para o outro polo. Todos os indivíduos que atingiram qualquer grau de Automaestria fazem isso até certo ponto, mais ou menos inconscientemente, mas o Mestre faz isso conscientemente, e pelo uso de sua vontade, e atinge um grau de Equilíbrio e Firmeza Mental quase impossível de crença por parte das massas que são balançadas para trás e para a frente como um pêndulo. Este Princípio e o da Polaridade têm sido estudados de perto pelos Hermetistas, e os métodos de neutralizá-los, impedi-los e usá-los formam uma parte importante da Alquimia Mental Hermética.

6. O Princípio da Causa e do Efeito

"Toda a causa tem seu efeito, cada efeito tem sua causa; tudo acontece de acordo com a Lei; o Acaso é apenas um nome para a Lei não reconhecida; há muitos planos de causalidade, mas nada escapa da Lei." — O Caibalion

Este Princípio incorpora o fato de que existe uma causa para cada efeito e um efeito em cada causa. Explica que: "Tudo acontece de acordo com a Lei", e que nada nunca "apenas acontece", pois não existe tal coisa como o Casual. Que, embora existam vários planos de Causa e Efeito, os planos superiores dominam os planos inferiores, nada escapa totalmente da Lei.

Os Hermetistas entendem a arte e os métodos de ascender acima do plano comum de Causa e Efeito até um certo grau e mentalmente subindo para um plano mais alto eles se tornam Causadores, em vez de Efeitos.

As massas do povo são levadas adiante, pois são obedientes ao ambiente; os desejos e as vontades dos outros são mais fortes do que a deles mesmos; a hereditariedade, a sugestão e outras causas externas movem-nos como peões no tabuleiro de xadrez da vida. Mas os Mestres, ascendendo ao plano superior, dominam seus humores, caráter, qualidades e poderes, bem como o ambiente ao seu redor, e se tornam Aqueles que Movem em vez de peões. Eles ajudam a jogar o jogo da vida, em vez de serem peões movidos por outras vontades e ambientes. Eles empregam o Princípio em vez de serem suas ferramentas. Os Mestres obedecem à Causalidade dos planos mais elevados, mas ajudam a governar o nosso plano.

Nesta afirmação, há uma riqueza de conhecimento Hermético — aprenda-o quem puder.

7. O Princípio do Gênero

"Gênero está em tudo; tudo tem seus princípios Masculino e Feminino; o gênero se manifesta em todos os planos." — O Caibalion

Este Princípio incorpora a Verdade de que há gênero manifestado em tudo, e os Princípios Masculino e Feminino estão sempre em ação. Isso é Verdade não só do Plano Físico, mas dos Planos Mentais e até mesmo dos Planos Espirituais. No Plano Físico, o Princípio se manifesta como sexo, nos planos superiores ele toma formas mais elevadas, mas o Princípio é sempre o mesmo. Nenhuma criação, física, mental ou espiritual, é possível sem este Princípio. O entendimento de suas leis lançará luz sobre muitos assuntos que foram deixados de lado na mente dos homens. O Princípio do Gênero funciona sempre na direção da geração, regeneração e criação.

Tudo, e cada pessoa, contém dentro de si os dois Elementos desse Princípio. Cada coisa masculina tem o Elemento feminino também; cada coisa feminina contém também o Princípio masculino. Se for entendida a Filosofia da Criação Mental e Espiritual, Geração e Regeneração, será possível entender e estudar este Princípio Hermético. Ele contém a solução de muitos mistérios da Vida. Advertimos que este Princípio não tem referência às muitas teorias, ensinamentos e práticas luxuriosas, perniciosas e degradantes, que são ensinadas sob títulos fantasiosos, e que são uma prostituição do grande princípio natural do Gênero. Tais reavivamentos básicos das antigas formas infames do falo tendem a arruinar a mente, o corpo e a alma, e a Filosofia Hermética já publicou notas de advertência contra esses ensinamentos degradados que tendem à luxúria, à licenciosidade e à perversão dos princípios da Natureza.

Se buscas tais ensinamentos, deves, então, ir buscá-los em outro lugar, pois o Hermetismo não contém nada para ti neste sentido. Para o puro, todas as coisas são puras; para o hediondo, todas as coisas são hediondas.

Capítulo III
Transmutação Mental

"A Mente (assim como metais e elementos) pode ser transmutada de estado para estado, grau a grau, condição a condição, polo a polo, vibração para vibração. A verdadeira transmutação hermética é uma Arte Mental." — O Caibalion

Como afirmamos, os Hermetistas eram os alquimistas, astrólogos e psicólogos originais, escolas de pensamento das quais Hermes foi o fundador. A partir da Astrologia, desenvolveu-se a Astronomia moderna; a partir da Alquimia, a Química moderna; a partir da Psicologia mística, a Psicologia moderna das escolas. Mas não se deve supor que os antigos ignorassem o que as escolas modernas pretendem ter como propriedade exclusiva e especial. Os registros gravados nas pedras do Egito Antigo mostram conclusivamente que os antigos tinham um conhecimento pleno e abrangente da Astronomia; a própria construção das Pirâmides aponta a conexão entre suas imagens e o estudo da ciência astronômica. Também não ignoravam a Química, pois os fragmentos dos antigos escritos mostram que eles estavam familiarizados com as propriedades químicas das coisas; na verdade, as antigas teorias sobre física estão sendo lentamente verificadas pelas últimas descobertas da ciência moderna, notadamente aquelas relacionadas à constituição da matéria. Da mesma forma não se pode supor que eles ignoravam as chamadas descobertas modernas da Psicologia; pelo contrário, os egípcios eram especialmente hábeis na ciência da Psicologia, particularmente nos ramos que as escolas modernas ignoram, mas que, no entanto, estão sendo descobertos sob o nome de "ciência psíquica", a qual leva alguns psicólogos atuais à perplexidade, e fazendo com que, relutantemente, admitam que "pode haver algo nela, afinal."

A Verdade é que, sob a Química Material, Astronomia e Psicologia (ou seja, a Psicologia em sua fase de "ação do pensamento"), os antigos possuíam um conhecimento de Astronomia transcendental, chamado Astrologia; da Química transcendental, chamada Alquimia; da Psicologia transcendental, chamada Psicologia mística. Eles possuíam o Conhecimento Interior, bem como o Conhecimento Exterior, sendo este último possuído por cientistas modernos. Entre os muitos ramos secretos de conhecimento possuídos pelos Hermetistas, estava o conhecido como Transmutação Mental, que forma o tema desta lição.

"Transmutação" é um termo geralmente empregado para designar a arte antiga da transmutação de metais — particularmente dos metais básicos em ouro. A palavra "Transmutar" significa "mudar de uma natureza, forma ou substância, em outra; transformar" (Webster). E assim, "Transmutação Mental" significa a arte de mudar e transformar estados mentais, formas e condições, em outros. Então é possível observar que transmutação mental é a "Arte da Química Mental", ou, se preferir, uma forma de Psicologia Mística prática.

Mas isso significa muito mais do que aparece na superfície. Transmutação, Alquimia ou Química no Plano Mental são, certamente, importantes em seus efeitos, e se a arte parasse por ali, ainda seria um dos ramos de estudo mais importantes conhecidos pelo Homem. Mas isso é só o começo. Vamos ver por quê!

O primeiro dos Sete Princípios Herméticos é o Princípio do Mentalismo, cujo axioma é: "O TODO é Mente; o Universo é Mental", o que significa que a Realidade Subjacente do Universo é a Mente; e o universo em si é mental — ou seja, "existente na Mente do TODO". Consideraremos este Princípio nas lições que se seguem, mas vamos ver o efeito do Princípio, se for considerado verdadeiro.

Se o Universo é Mental em sua natureza, então a Transmutação Mental deve ser a arte de mudar as condições do Universo, nos moldes da matéria, força e mente. Portanto, é possível perceber que a transmutação mental é realmente a Magia da qual os antigos escritores tinham tanto a dizer em suas obras místicas, e sobre o qual eles deram tão poucas instruções práticas. Se tudo é Mental, então a arte que permite transmutar condições mentais deve tornar o Mestre um controlador das condições materiais, bem como aquelas normalmente chamadas de "mentais".

De fato, nenhum alquimista que não esteve em um grau avançado na alquimia mental foi capaz de atingir o grau de poder necessário para controlar as condições físicas mais brutas, como o controle dos elementos da Natureza; a produção ou cessação de tempestades; a produção e cessação de terremotos e outros grandes fenômenos físicos. Mas que tais homens existiram – e existem hoje – é uma questão de crença séria para todos os ocultistas avançados de todas as escolas. O fato de que os Mestres existem e têm esses poderes é assegurado pelos melhores professores aos seus alunos, tendo tido experiências que os justificam em tal crença e afirmações. Estes Mestres não fazem exposições públicas de seus poderes, mas buscam a reclusão das multidões de homens, a fim de melhor trabalhar sua força ao longo do Caminho da Realização. Mencionamos sua existência, neste momento, apenas para chamar sua atenção para o fato de que seu poder é inteiramente mental, e opera nos moldes da transmutação mental superior, sob o Princípio Hermético do Mentalismo.

"O Universo é Mental." — O Caibalion

Mas alunos e Hermetistas de menor grau do que mestres — os Iniciados e Professores — são capazes de trabalhar livremente, ao longo do Plano Mental, na Transmutação Mental. Na Verdade, tudo o que chamamos de "fenômenos psíquicos", "influência mental", "ciência mental", "fenômenos de novo pensamento" etc., opera na mesma linha geral, pois há apenas um princípio envolvido, não importa de qual nome os fenômenos sejam chamados.

Transmutação Mental

O aluno e praticante da Transmutação Mental trabalha entre o Plano Mental, transmutando condições mentais, estados etc., em outros, de acordo com várias fórmulas, mais ou menos eficazes. Os vários "tratamentos", "afirmações", "negações" etc., das escolas de ciência mental são apenas fórmulas, muitas vezes bastante imperfeitas e não científicas, da Arte Hermética. A maioria dos praticantes modernos são bastante ignorantes em comparação com os antigos Mestres, pois não têm o conhecimento fundamental sobre o qual o trabalho se baseia.

Não só os estados mentais podem ser alterados ou transmutados por Métodos Herméticos, mas também os estados dos outros podem ser, e são, constantemente transmutados da mesma forma, geralmente inconscientemente, mas muitas vezes conscientemente por alguma compreensão das leis e princípios, nos casos em que as pessoas afetadas não são informadas dos princípios da autoproteção. E, mais do que isso, como muitos estudantes e praticantes da Ciência Mental Moderna sabem, todas as condições materiais que dependem das mentes de outras pessoas podem ser alteradas ou transmutadas de acordo com o desejo, vontade e "tratamentos" de pessoas ao desejar condições de vida transformadas. O público é geralmente informado sobre essas coisas, que não consideramos necessário mencionar longamente; nosso propósito neste momento é apenas mostrar o Princípio Hermético e a Arte subjacentes a todas essas várias formas de prática, do bem e do mal, para que, então, a força possa ser usada em direções opostas de acordo com os Princípios Herméticos da Polaridade.

Neste pequeno livro, afirmaremos os princípios básicos da Transmutação Mental, para que todos os que leem possam compreender os Princípios subjacentes, e assim possuir a Chave-Mestra que abrirá as muitas portas do Princípio da Polaridade.

Vamos agora proceder a uma consideração do primeiro dos Sete Princípios Herméticos — o Princípio do Mentalismo, no qual se explica a Verdade de que "O TODO é Mente; o Universo é Mental", conforme palavras do Caibalion. Pedimos a atenção e o estudo cuidadoso deste grande Princípio por parte de nossos alunos, pois é realmente o Princípio Básico de toda a Filosofia Hermética e da Arte Hermética da Transmutação Mental.

Capítulo IV
O Todo

"Sob as aparências do Universo, Tempo, Espaço e Mobilidade, está sempre oculta a Realidade Substancial; a Verdade Fundamental." — O Caibalion

"Substância" significa: "o que está por trás de todas as manifestações externas; a essência; a realidade essencial; a coisa em si" etc. "Substancial" significa: "atualmente existente; sendo o elemento essencial; sendo real" etc. "Realidade" significa: "o estado de ser real; verdadeiro, duradouro; válido; fixo; permanente; atual de um ente" etc.

Por trás de todas as aparências ou manifestações externas, deve haver sempre uma Realidade Substancial. Esta é a Lei.

O homem, considerando o Universo, do qual ele é uma unidade, não vê nada além de mudança na matéria, forças e estados mentais. Ele vê que nada realmente é, mas que tudo está SE TORNANDO e é CONDICIONAL. Nada está parado: tudo está nascendo, crescendo, morrendo. No mesmo instante em que uma coisa atinge seu auge, ela começa a declinar — a lei do ritmo está em constante operação — não há realidade, qualidade duradoura, fixação ou substancialidade em nada, nada é permanente além de Mudança, tudo se transforma. O homem que vê as Leis do Universo é capaz de enxergar todas as coisas evoluindo de outras coisas e resolvendo-se em outras: ação e reação; fluxo e refluxo, criação e destruição; nascimento, crescimento e morte. Nada dura além da Mudança. E se o homem for pensante, ele perceberá todas essas coisas mutáveis, que, contudo, serão aparências externas ou manifestações de alguma Força Oculta, alguma Realidade Substancial.

Todos os pensadores, em todas as terras e em todos os tempos, reconheceram a necessidade de admitir a existência desta Realidade Substancial. Todas as Filosofias dignas do nome foram baseadas neste pensamento. Os homens deram a esta Realidade Substancial muitas denominações. Alguns a chamaram pelo termo de Divindade (sob muitos títulos), outros a chamaram de "A Energia Infinita e Eterna", outros tentaram chamá-la de "Matéria", mas todos reconheceram sua existência. É evidente que não precisa de argumentos.

Nessas lições, temos seguido o exemplo de alguns dos maiores pensadores do mundo, tanto antigos quanto modernos — os Hermetistas — e chamado esse Poder Subjacente — essa Realidade Substancial — pelo nome hermético de "TODO", termo que consideramos o mais abrangente dos muitos aplicados pelo Homem Àquele que transcende nomes e termos.

Aceitamos e ensinamos a visão dos grandes pensadores herméticos de todos os tempos, bem como daquelas almas que atingiram planos mais elevados do ser, pois ambos afirmam que a natureza interior do TODO é incognoscível. Isso é assim porque nada pode compreender a própria natureza íntima do TODO.

Os Hermetistas acreditam e ensinam que o TODO, em si mesmo, deve ser e será incognoscível. Eles consideram que todas as teorias, opiniões e especulações dos teólogos e metafísicos sobre a natureza interior do TODO são apenas esforços infantis das mentes mortais para compreender o segredo do Infinito. Tais esforços sempre falharam e sempre falharão, pela própria natureza da tarefa. Um deles, que busca tais investigações, viaja de circuito em circuito no labirinto do pensamento, até prejudicar todo o raciocínio, ação ou conduta, tornando-se totalmente inadequado para o trabalho da vida. É como o esquilo que corre freneticamente ao redor da roda da esteira em sua gaiola, movendo-se sempre e, ainda assim, chegando a lugar nenhum; no final, um prisioneiro ainda e exatamente no mesmo lugar onde começou a andar.

E ainda mais presunçosos são aqueles que tentam atribuir ao TODO uma personalidade, qualidades, propriedades, características e atributos de si mesmos, atribuindo ao TODO emoções, sentimentos e características humanas, até mesmo as qualidades mais mesquinhas da humanidade, como o ciúme, a ânsia, a lisonja, o desejo por oferendas, adorações e todas as outras necessidades dos tempos da infância. Tais ideias não são dignas de pessoas maduras, e vão sendo rapidamente descartadas.

(Neste ponto, pode ser apropriado afirmar que fazemos uma distinção entre Religião e Teologia — entre Filosofia e Metafísica.)

A Religião, para nós, significa a realização institucional da existência do TODO e a sua relação com ela, enquanto Teologia, significa as tentativas dos homens de atribuir personalidade, qualidades e características a Ele, assim como suas teorias sobre seus assuntos, vontade, desejos, planos e projetos, e as apropriações para o ofício de mediadores entre o TODO e o povo.

Filosofia, para nós, significa o inquérito após conhecer-se as coisas por meio de investigá-las e raciocinar sobre elas; enquanto Metafísica significa a tentativa de levar o inquérito além das fronteiras e para regiões incognoscíveis e impensáveis, com a mesma tendência que a da Teologia. E, consequentemente, tanto Religião quanto Filosofia significam para nós coisas com raízes na Realidade, enquanto Teologia e Metafísica parecem palhetas quebradas, enraizadas nas areias movediças da ignorância, não dando nada além de suporte inseguro para a mente ou alma do Homem. De qualquer forma, irás ouvir muito pouco sobre Teologia e Metafísica nestas aulas.

Mas enquanto a natureza essencial do TODO é incognoscível, há certas Verdades ligadas à sua existência, as quais a mente humana se encontra obrigada a aceitar. E um exame desses relatos é tema adequado de investigação, particularmente porque eles concordam com os relatos do Iluminado em planos superiores. E para este inquérito nós agora convidamos você.

"Aquela que é a Verdade Fundamental, a Realidade Substancial, está além de uma verdadeira nomenclatura, mas os Sábios chamam-na de 'TODO'." — O Caibalion

"Em sua essência, O TODO é desconhecido." — O Caibalion

"Mas, o relato da Razão deve ser bem-recebido e tratado com respeito." — O Caibalion

A razão humana, cujos testemunhos devemos aceitar enquanto refletimos, nos informa o seguinte em relação ao TODO, sem tentar remover o véu do Desconhecido:

(1) O TODO É TUDO O QUE REALMENTE É. Não pode haver nada existente fora do TODO, senão o TODO não seria o TODO.

(2) O TODO deve ser INFINITO, pois não há mais nada para definir, confinar, limitar ou restringir o TODO. Deve ser infinito no tempo, isto é, ETERNO; deve ter existido continuamente, pois não há mais nada para tê-lo criado, e algo nunca pode evoluir do nada; e se ele nunca tivesse "sido", mesmo que por um momento, não "seria" agora, ele deve existir continuamente para sempre, pois não há nada para destruí-lo, e nunca pode "não ser", nem por um momento, porque algo nunca pode se tornar nada. Ele deve ser infinito no espaço: deve estar em todos os lugares, pois não há lugar fora do TODO, não pode ser diferente do contínuo no Espaço, sem ruptura, cessação, separação ou interrupção, pois não há nada para quebrar, separar ou interromper sua continuidade, e

nada com o qual se possa "preencher as lacunas". Deve ser infinito em poder, ou Absoluto, pois não há nada para limitá-lo, restringi--lo, contê-lo, confiná-lo, perturbá-lo ou condicioná-lo — ele não está sujeito a nenhum outro Poder, pois não há outro Poder.

(3) O TODO É IMUTÁVEL, ou seja, não sujeito a mudanças em sua natureza real, pois não há nada para operar mudanças sobre ele, nada em que possa mudar, nem de onde poderia ter mudado. Nada pode ser adicionado, nem subtraído dele; aumentado nem diminuído; nem se tornar maior ou menor em qualquer aspecto. Ele deve ter sido sempre e deve permanecer sempre exatamente o que é agora: o TODO; nunca houve, não é agora, e nunca será, qualquer outra coisa em que possa mudar.

O TODO sendo Infinito, Absoluto, Eterno e Imutável, segue que qualquer coisa finita, mutável, fugaz e condicionada não pode ser o TODO. E como não há nada fora do TODO na Realidade, então toda e qualquer coisa finita deve ser como Nada na Realidade. Não fiques impressionado, nem temeroso — não estamos tentando guiá-lo para o campo da Ciência Cristã sob a cobertura da Filosofia Hermética. Há uma reconciliação deste estado de coisas aparentemente contraditório. Seja paciente, chegaremos a tempo.

Vemos ao nosso redor o que é chamado de "Matéria", que forma a base física para todas as formas. O TODO é apenas matéria? De modo algum! A matéria não pode manifestar a Vida ou a Mente, e como a Vida e a Mente se manifestam no Universo, o TODO não pode ser matéria, pois nada sobe mais alto do que sua própria fonte, nada se manifesta em um efeito que não está na causa, nada evolui como uma consequência que não está envolvida com um antecedente. E então a ciência moderna nos informa que realmente não existe tal coisa como matéria e que o que chamamos de Matéria é apenas "energia ou força interrompida", ou seja, energia ou força a uma baixa taxa de vibração. Como um escritor recente disse: "A matéria obscureceu-se no Mistério." Até a Ciência Material abandonou a teoria da Matéria e agora repousa na base de "Energia".

Então o Todo é mera Energia ou Força? Não é energia ou força como os materialistas usam tais termos, pois sua energia e força são cegas, coisas mecânicas, desprovidas de Vida ou Mente. A Vida e a Mente nunca podem evoluir da energia cega ou da força pela razão dada há pouco: "Nada pode subir mais alto do que sua fonte, nada é evoluído que não tenha sido involuído, nada se manifesta no efeito, a menos que esteja na causa." E assim o TODO não pode ser mera Energia ou Força, pois, se fosse, não haveria coisas como Vida e Mente na existência, e sabemos que não é assim, pois estamos vivos e usando a Mente para considerar essa mesma questão, assim como aqueles que afirmam que Energia ou Força são Tudo.

O que há então maior do que matéria ou energia que sabemos existir no Universo? VIDA E MENTE! Vida e Mente em todos os seus diferentes graus de desdobramento! "Então," você pergunta, "quer dizer-nos que o TODO é A VIDA E A MENTE?" Sim! E não! É nossa resposta. Se você quer dizer Vida e Mente como nós, pobres mortais mesquinhos, as conhecemos, nós dizemos não! O TODO não é isso! "Mas que tipo de Vida e Mente você quer dizer?", você perguntará.

A resposta é "a Infinita Mente Vivente", tão acima do que os mortais entendem por essas palavras, como a Vida e a Mente são maiores do que as forças mecânicas, ou a matéria; INFINITA MENTE VIVENTE em comparação com a finita "Vida e Mente". Queremos dizer o que as almas ilusórias significam quando pronunciam com reverência a palavra: "ESPÍRITO!"

"O TODO" é a Infinita Mente Vivente; Os Iluminados chamam-na de ESPÍRITO!

Capítulo V
O Universo Mental

"O Universo é Mental: ele é mantido na Mente do TODO."
— O Caibalion

O TODO É ESPÍRITO! Mas o que é o Espírito? Essa pergunta não pode ser respondida pela razão de sua definição ser praticamente a do TODO, que não pode ser explicada ou definida. Espírito é simplesmente um nome que os homens dão à mais alta concepção da Infinita Mente Vivente — significa "A Essência Real" — significa Mente Viva, tão superior à Vida e à Mente quanto as conhecemos, já que estas são superiores à energia mecânica e à matéria. O espírito transcende nossa compreensão, e usamos o termo apenas para pensarmos ou falarmos do TODO. Para fins de pensamento e compreensão, justifica-se pensar no Espírito como Infinita Mente Vivente, ao mesmo tempo em que reconhecemos que não podemos entendê-lo completamente. Devemos fazer isso ou parar de pensar no assunto.

Vamos agora passar a uma consideração da natureza do Universo, como um todo e suas partes. O que é o Universo? Vimos que não pode haver nada fora do TODO. Então o Universo é o TODO? Não, isso não pode ser, porque o Universo parece ser composto de MUITOS, e está em constante mudança, ou seja, não se compara às ideias que estabelecemos a respeito do TODO, como afirmado em nossa última lição. Então, se o Universo não for o TODO, então deve ser Nada — tal é a conclusão inevitável da mente ao primeiro pensamento. Mas isso não satisfará a questão, pois sentimos a existência do Universo. Então, se o Universo não é nem o TODO, nem o Nada, o que pode ser? Vamos examinar essa questão.

Se o Universo existe, ou parece existir, ele deve proceder de alguma forma a partir do TODO, ou deve ser uma criação do TODO. Mas como algo nunca pode vir do Nada, a partir de que o TODO poderia tê-lo criado?

Alguns filósofos responderam a essa pergunta dizendo que o TODO criou o Universo a partir de si mesmo, ou seja, do ser e da substância do TODO. Porém, isso não pode ser, pois o TODO não pode ser subtraído, nem dividido, como vimos, e, novamente, se assim for, cada partícula no Universo não estaria ciente de seu ser TODO. O TODO também não poderia perder seu conhecimento de si mesmo, nem realmente se tornar um átomo, ou força cega, ou um humilde ser vivo. Alguns homens, de fato, percebendo que o TODO é de fato TUDO, e reconhecendo que eles, os homens, existiam, chegaram à conclusão de que eles e o TODO eram idênticos e encheram o ar com clamores de "EU SOU DEUS", para a diversão da multidão e tristeza dos sábios. A alegação do corpúsculo de que: "Eu sou o homem!" seria modesta em comparação.

Mas, o que de fato é o Universo, se não for o TODO separado em fragmentos? O que mais pode ser, do que mais pode ser feito? Essa é a grande pergunta. Vamos examiná-lo cuidadosamente. Descobrimos que o "Princípio da Correspondência" (ver capítulo II, lição 2) vem em nosso auxílio aqui. O velho axioma hermético "Assim como acima, é abaixo" pode ser útil neste momento. Vamos nos esforçar para ter um vislumbre do funcionamento dos planos mais elevados examinando-os em nós mesmos. O Princípio da Correspondência deve ser aplicado a este e a outros problemas.

Vejamos, pois! Em seu próprio plano de existência, como o homem cria? Bem, primeiro, ele pode criar fazendo algo com materiais externos. Mas isso não pode ser, pois não há materiais fora do TODO com os quais ele pode criar. Bem, então, em segundo lugar, o homem procria ou reproduz sua espécie pelo processo de gerar, que é a automultiplicação realizada transferindo uma parte de sua substância para sua prole. Mas isso também não pode ser porque o TODO não pode transferir ou subtrair uma parte de si mesmo, nem pode se reproduzir ou se multiplicar: no primeiro caso, haveria uma revogação da lei, e no segundo caso, uma multiplicação ou adição ao TODO, ambos os pensamentos são, pois, um absurdo. Não há nenhuma terceira maneira em que o HOMEM cria? Sim, há: ele cria mentalmente! E dessa forma, ele não usa materiais externos, nem se reproduz, e ainda assim seu Espírito permeia a Criação Mental.

Seguindo o Princípio da Correspondência, temos razão em considerar que o TODO cria o Universo MENTALMENTE, de forma semelhante ao processo pelo qual o Homem cria imagens mentais. Este é o testemunho da Razão, que se baseia precisamente no testemunho dos Iluminados, conforme mostram seus ensinamentos e escritos. Tais são os ensinamentos dos Sábios. Tal foi a Doutrina de Hermes.

O TODO não pode criar de outra forma senão mentalmente, sem usar material (e não há nenhum para usar), ou então se reproduzir (o que também é impossível). Não há como escapar dessa conclusão da Razão, que, como dissemos, concorda com os mais altos ensinamentos dos Iluminados. Assim como você, estudante, pode criar um Universo próprio em sua mente, assim o TODO cria universos em sua própria mente. Mas o seu Universo é a criação mental de uma Mente Finita, enquanto a do TODO é a criação de uma Mente Infinita. Os dois são semelhantes em espécie, mas infinitamente diferentes em grau. Examinaremos mais de perto o processo de criação e manifestação à medida que avançamos. Mas antes, é preciso fixar em suas mentes esta frase: O UNIVERSO, E TUDO O QUE ELE CONTÉM, É UMA CRIAÇÃO MENTAL DO TODO. Na Verdade, o TODO é mente!

"O TODO cria em sua Mente Infinita inúmeros Universos, que existem por Eras; e, ainda assim, para o TODO, a criação, o desenvolvimento, o declínio e a morte de um milhão de Universos é como o tempo do piscar de um olho." — O Caibalion

"A Mente Infinita do TODO é o útero dos Universos." — O Caibalion

O Universo Mental

O Princípio do Gênero (ver capítulo II, lição 7 e subsequentes) se manifesta em todos os planos da vida: mental, material e espiritual. Mas, como dissemos antes, "Gênero" não significa o sexo; o "sexo" é apenas uma manifestação material de gênero. "Gênero" significa "relativo à geração ou criação". E sempre que algo é gerado ou criado, em qualquer plano, o Princípio do Gênero deve ser manifestado. E isso é Verdade mesmo na criação de Universos.

Agora, não se deve concluir que estamos ensinando que existe um Deus ou um Criador masculino e feminino. Essa ideia é apenas uma distorção dos ensinamentos antigos sobre o assunto.

O verdadeiro ensinamento é que o TODO, por si só, está acima do Gênero, como está acima de todas as outras Leis, incluindo as do Tempo e do Espaço. Ele é a Lei, de quem as Leis prosseguem, e não está sujeito a elas. Mas quando o TODO se manifesta no plano de geração, ou criação, então ele age de acordo com a Lei e Princípio, pois está se movendo em um plano inferior de existência. E, consequentemente, manifesta o Princípio do Gênero, em seus aspectos Masculino e Feminino, no Plano Mental.

Essa ideia pode parecer surpreendente para alguns que a ouvem pela primeira vez, mas todos vocês realmente a aceitam passivamente em suas concepções cotidianas. Você fala da Paternidade de Deus, e da Maternidade da Natureza; de Deus, do Pai Divino e da Natureza, a Mãe Universal, e, portanto, instintivamente reconheceu o Princípio do Gênero no Universo. Não é verdade?

Mas a doutrina hermética não implica uma dualidade real: o TODO é UM; os Dois Aspectos são meros aspectos da manifestação. O ensinamento é que o Princípio Masculino manifestado pelo TODO se destaca, de certa forma, além da real criação mental do Universo. Ele projeta sua vontade em direção ao Princípio Feminino (que pode ser chamado de "Natureza"), onde este começa o trabalho atual da evolução do Universo, dos simples "centros de atividade" até o homem, subindo ainda mais de alto, de acordo com leis bem estabelecidas e firmemente aplicadas da Natureza. Se prefere as velhas figuras do pensamento, você pode pensar no Princípio Masculino como DEUS, o Pai, e do Princípio Feminino como NATUREZA, a Mãe Universal, de cujo ventre todas as coisas nasceram. Isso é mais do que uma mera figura poética da fala, mas uma ideia do processo real da criação do Universo. Contudo, lembre-se sempre: o TODO é apenas Um, e em sua Mente Infinita o Universo é gerado, criado e existe.

Isso permitirá obter uma ideia adequada de si mesmo, se você aplicar a Lei da Correspondência a você mesmo e à sua própria mente. Você sabe que a sua parte chamada de "eu", de certa forma, se destaca e testemunha a criação de imagens mentais em sua própria mente. A parte da sua mente em que a geração mental é realizada pode ser chamada de "Eu inferior", em distinção do "Eu" que se destaca, testemunha e examina pensamentos, ideias e imagens do "Eu inferior". Reparemos que "assim como acima, é abaixo", de modo a lembrar que os fenômenos de um plano podem ser empregados para resolver os enigmas de planos mais elevados ou inferiores.

É de admirar que vocês, os filhos, sintam essa reverência instintiva pelo TODO, que sentimos e chamamos de "Religião"; esse respeito e reverência pela MENTE-PAI? Será de se admirar que, quando você considera as obras e maravilhas da Natureza, tem um sentimento poderoso cujas raízes estão fora do seu íntimo ser? É a MENTE MÃE que está lhe estreitando, tal como uma mãe estreita um bebê no peito.

Não cometa o erro de supor que o pequeno mundo que você vê ao seu redor, a Terra, que é um mero grão de poeira no Universo, é o próprio Universo. Há milhões e milhões desses mundos, e maiores. E existem milhões e milhões desses Universos dentro da Mente Infinita do TODO. E mesmo em nosso pequeno Sistema Solar há regiões e planos de vida muito mais altos do que o nosso, e seres comparados aos quais nós, mortais ligados à Terra, somos como as formas de vida viscosas que habitam o leito do oceano quando comparadas com o homem. Há seres com poderes e atributos mais elevados que o homem jamais sonhou que os deuses possuíssem. E ainda assim esses seres já foram como você, e ainda mais baixos; e você será mesmo como eles, ou ainda mais alto, pois tal é o Destino do Homem, como relatado pelo Iluminado.

E a Morte não é real, e mesmo no sentido relativo, é apenas o nascimento de uma nova vida, e continuará a ir sempre para planos de vida mais altos e ainda mais altos, por Eras e Eras. O Universo é sua casa, e você deve explorar seus acessos mais distantes antes do fim do Tempo. Você habita a Mente Infinita do TODO, e suas possibilidades e oportunidades são infinitas, tanto no tempo quanto no espaço. E no final do Grande Ciclo de Eras, quando o TODO recolher em si mesmo todas as suas criações, você continuará alegre, pois poderá conhecer toda a Verdade ao estar em unidade com o TODO. Esse é o relato dos Iluminados, aqueles que avançaram muito no Caminho.

E, enquanto isso, descanse calmo e sereno: você está seguro e protegido pelo Poder Infinito da MENTE-PAI-MÃE.

"Dentro da Mente Pai-Mãe, os filhos mortais estão em sua casa." —
O Caibalion

"Não há nenhum órfão de Pai ou de Mãe no Universo." —
O Caibalion

Capítulo VI
O Paradoxo Divino

"Os falsos sábios, reconhecendo a irrealidade comparativa do Universo, imaginavam que podiam desafiar suas Leis: tais são tolos vaidosos e presunçosos; eles são quebrados contra as rochas e rasgados pelos elementos em razão de sua loucura. Os verdadeiramente sábios, conhecendo a natureza do Universo, usam a Lei contra as leis; o maior contra o menor; e pela Arte da Alquimia transmutam o que é indesejável para o que é digno, e, portanto, triunfam.
A maestria não consiste em sonhos anormais, visões e imaginações fantásticas ou vivas, mas em usar as forças mais elevadas contra as inferiores, escapando das penas dos planos inferiores vibrando no superior. Transmutação não é uma negação presunçosa, mas é a arma do Mestre." — O Caibalion

Este é o Paradoxo do Universo, resultante do Princípio da Polaridade que se manifesta quando o TODO começa a criar. É necessário prestar atenção, pois isso aponta a diferença entre falsa sabedoria e a Sabedoria.

Enquanto para O TODO INFINITO, o Universo, suas Leis, seus Poderes, sua vida, seus Fenômenos, são como coisas testemunhadas no estado de Meditação ou Sonho, para tudo o que é finito, o Universo deve ser tratado como Real, e a vida, ação e pensamento devem ser nele baseados, em concordância com a compreensão da Verdade Superior. Cada um de acordo com seu próprio Plano e Leis. Se o TODO imaginasse que o Universo era de fato Realidade, então desgraçado do Universo, pois não haveria nenhum movimento do inferior para o mais elevado, divino; desse modo, o Universo se tornaria uma fixação e o progresso se tornaria impossível.

E se o Homem, devido à falsa Sabedoria, age, vive e pensa no Universo como meramente um sonho (semelhante aos seus próprios sonhos finitos), então de fato assim se torna para ele e, como um andarilho do sono, ele tropeça em círculos viciosos, não fazendo nenhum progresso, sendo finalmente forçado a despertar através de sua queda terrível sobre as Leis Naturais que ele ignorou. Conserve sua mente sempre na Estrela, mas deixe seus olhos vigiarem seus passos, para que você não caia na lama por causa do olhar ao alto. Lembre-se do Paradoxo Divino: ao mesmo tempo que o Universo não existe, ele existe. Lembre-se sempre dos Dois Polos da Verdade: o Absoluto e o Relativo. Cuidado com Meias Verdades.

O que os Hermetistas conhecem como "a Lei do Paradoxo" revela-se como um aspecto do Princípio da Polaridade. Os escritos herméticos são repletos de referências ao aparecimento do Paradoxo na consideração dos problemas da Vida e da Existência. Os Professores estão constantemente alertando seus alunos contra o erro de omitir o "outro lado" de qualquer pergunta. Seus avisos são particularmente direcionados aos problemas do Absoluto e do Relativo, que deixam perplexos todos os alunos de Filosofia, e que fazem com que muitos pensem e ajam contrários ao que é geralmente conhecido como "senso comum". E advertimos todos os alunos a terem certeza de compreender o Paradoxo Divino do Absoluto e Relativo, para que não se envolvam na lama da meia verdade. Para este fim, esta lição foi particularmente escrita. Leia com atenção!

O primeiro pensamento que vem para o homem pensante depois

que ele percebe a Verdade de que o Universo é uma Criação Mental do TODO, é que o Universo e tudo o que ele contém é uma mera ilusão; uma irrealidade; ideia contra a qual seus instintos se revoltam. Mas isso, como todas as outras grandes Verdades, deve ser considerado tanto do ponto de vista absoluto quanto do relativo. Do ponto de vista absoluto, é claro, o Universo tem a natureza de uma ilusão, um sonho, uma fantasmagoria, em comparação com o TODO em si. Reconhecemo-lo mesmo em nossa visão comum, pois falamos do mundo como "um espetáculo transitório" que vem e vai, nasce e morre; pois o elemento de impermanência e mudança, limitação e insubstancialidade, está sempre conectado com a ideia de um Universo criado, contrastando com a ideia do TODO, não importa quais sejam nossas crenças sobre a natureza de ambos.

Filósofos, metafísicos, cientistas e teólogos concordam com essa ideia, e o pensamento é encontrado em todas as formas de pensamento filosófico e concepções religiosas, bem como nas teorias das respectivas escolas de Metafísica e Teologia.

Assim, as Doutrinas Herméticas não pregam a insubstancialidade do Universo em termos mais formais do que aqueles mais familiares para você, embora sua apresentação do assunto possa parecer um pouco mais surpreendente. Qualquer coisa que tenha um começo e um fim pode ser considerada, de certa forma, irreal e falsa, e o Universo está sob essa Lei, conforme todas as escolas de pensamento. Do ponto de vista absoluto, não há nada Real exceto o TODO, que não pode ser de fato explicado. Ou o Universo é criado da Matéria, ou é uma Criação Mental na Mente do TODO: é insubstancial, não duradouro, uma coisa de tempo, espaço e mobilidade. Faz-se necessário perceber esse fato minuciosamente, antes de julgar a concepção hermética da natureza mental do Universo. Examine todas as outras concepções e verá que elas não são verdadeiras.

Mas o ponto de vista absoluto mostra apenas um lado da imagem, o outro lado é o relativo. A Verdade Absoluta foi definida como "as

O Paradoxo Divino

Coisas como a mente de Deus as conhece", enquanto a Verdade Relativa é "As coisas como a razão mais elevada do homem as entende". E assim, enquanto para o TODO o Universo deve ser irreal e ilusório, um mero sonho ou resultado de meditação; para as mentes finitas que formam uma parte desse Universo, e as veem através de suas faculdades, o Universo é verdadeiramente real, e assim deve ser considerado. Ao reconhecer a visão absoluta, não devemos cometer o erro de ignorar ou negar os fatos e fenômenos do Universo à medida que se apresentam às nossas faculdades: não somos o TODO, lembremo-nos.

Para dar um exemplo familiar, todos reconhecemos o fato de que a Matéria existe para nossos sentidos, e nos sairíamos mal se assim não fosse reconhecido. No entanto, mesmo nossas mentes finitas entendem o postulado científico de que não existe tal coisa como matéria do ponto de vista científico; o que chamamos de Matéria é considerada apenas uma agregação de átomos, e que os próprios átomos são apenas um agrupamento de unidades de força, chamados elétrons ou íons, vibrando e em constante movimento circular. Ao chutarmos uma pedra, sentimos o impacto: parece ser real, apesar de sabermos que é apenas o que afirmamos acima. Mas lembremo-nos de que nosso pé, que sente o impacto, também é matéria, portanto constituída de elétrons, porque esta matéria também é nosso cérebro. E, para melhor dizer, se não fosse por razão de nossa Mente, não saberíamos reconhecer o que é pé ou a pedra.

Assim, o ideal do artista ou escultor, que ele se esforça para reproduzir em pedra ou em mármore, parece verdadeiramente real para ele. Assim é como os personagens na mente do autor ou dramaturgo, que ele procura expressar para que outros possam reconhecê-los. E se isso for Verdade no caso de nossas mentes finitas, qual deve ser o grau de Realidade nas Imagens Mentais criadas na Mente do Infinito? Oh, amigos, para os mortais, este Universo da Mentalidade é realmente muito real: é o único que podemos conhecer, embora subamos de plano em plano, cada vez mais alto nele. Para saber de outra forma, através da experiência atual, devemos ser o próprio TODO. É Verdade que quanto mais alto subimos na escala, quanto mais perto da mente do Pai chegarmos, mais aparente se torna a natureza ilusória das coisas finitas, mas antes que o TODO finalmente nos retire para si mesmo, a visão atual não desaparece.

Dessa forma, não precisamos nos debruçar sobre a característica da ilusão. Em vez disso, devemos buscar reconhecer a verdadeira natureza do Universo, procurar entender suas leis mentais e nos esforçarmos para usá-las para o melhor efeito em nosso progresso ascendente através da vida, à medida que viajamos de plano para plano de existência. As Leis do Universo não são menos "férreas" por causa da natureza mental. Tudo, exceto o TODO, está vinculado a elas. O que está na MENTE INFINITA do TODO é REAL em um grau relativo a essa Realidade que é revestida na natureza do TODO.

Portanto, não fiquemos inseguros ou atemorizados: estamos todos firmemente contidos na MENTE INFINITA DO TODO, e não há nada que possa nos ferir ou nos intimidar. Não há poder fora do TODO para nos afetar. Então podemos descansar calmos e seguros. Há um mundo de conforto e segurança nesta realização quando uma vez a alcançarmos. Então, "calmos e pacíficos dormimos, balançados no Berço do Abismo"; descansando com segurança sob seio do Oceano da Mente Infinita, que é o TODO. NO TODO "viveremos, moveremos e teremos nossa existência".

A Matéria não é para nós a Matéria inferior, enquanto habitamos no plano da Matéria, embora saibamos que é apenas uma agregação de elétrons, ou partículas de Força vibrando rapidamente e girando em torno uns dos outros nas formações de átomos; os átomos, por sua vez, vibrando e girando, formando moléculas, que, por sua vez, formam massas maiores de Matéria. A Matéria também não é para nós a Matéria inferior quando seguimos as investigações ainda mais adiante e aprendemos com os Ensinamentos Herméticos que a Força da qual os elétrons são unidades é apenas uma manifestação da Mente do TODO e, como tudo no Universo, é puramente Mental em sua natureza. Enquanto no Plano da Matéria devemos reconhecer seus fenômenos, podemos controlar a matéria (como todos os Mestres de maior ou menor grau), mas o fazemos aplicando as forças mais altas. Cometemos uma loucura quando tentamos negar a existência da Matéria no aspecto relativo. Podemos negar seu domínio sobre nós, e assim devemos fazer, mas não devemos tentar ignorá-la em seu aspecto relativo, pelo menos enquanto habitarmos o seu plano.

Nem as Leis da Natureza se tornam menos constantes ou eficazes, como já sabemos, apesar de serem simples criações mentais. Elas estão em muitos efeitos dos diversos planos.

Superamos as leis mais baixas aplicando leis ainda mais altas; e apenas dessa forma. Mas não podemos escapar da Lei ou ficar inteiramente fora dela. Nada além do TODO pode escapar da Lei, e isso porque o TODO é a própria LEI, da qual todas as Leis emergem. Os Mestres mais avançados podem adquirir os poderes geralmente atribuídos aos deuses dos homens; e há inúmeras fileiras de entes, na grande hierarquia da vida, cuja existência e poder excedem os dos mais elevados Mestres, e os Entes mais elevados devem curvar-se à Lei, e ser como Nada aos olhos do TODO. De modo que, se mesmo esses Entes mais elevados, cujos poderes excedem até mesmo aqueles atribuídos pelos homens aos seus deuses, se mesmo estes estão vinculados e são subservientes à Lei, então imaginem a presunção do homem mortal, da nossa raça e grau, quando ele ousa considerar as Leis da Natureza como "irreais!", visionárias e ilusórias, porque ele passa a ser capaz de compreender a Verdade de que as Leis são mentais na natureza e simples Criações Mentais do TODO. Estas Leis, que o TODO destinou governar, não devem ser desafiadas ou questionadas. Enquanto o Universo perdurar, elas resistirão, pois o Universo existe em virtude dessas Leis que formam sua estrutura e que o mantêm coeso.

O Princípio Hermético do Mentalismo, ao mesmo tempo em que explica a verdadeira natureza do Universo sobre o princípio de que tudo

Capítulo VII
"O Todo" em Tudo

*"Enquanto Tudo está no TODO, é igualmente
Verdade que o TODO está em Tudo.
Aquele que entende realmente essa Verdade alcançou
grande conhecimento."* — O Caibalion

Quantas vezes a maioria das pessoas ouviu repetidamente a afirmação de que sua Divindade (chamada por muitos nomes) era "Todo em Tudo" e quão pouco suspeitavam da Verdade interiormente oculta por essas palavras descuidadamente proferidas? A expressão comumente usada é a sobrevivência da antiga máxima hermética citada acima. Como diz o Caibalion: "Aquele que realmente entende essa Verdade alcançou grande conhecimento." E, sendo assim, vamos buscar essa Verdade, cuja compreensão muito significa. Nessa afirmação da Verdade — nessa Máxima Hermética — está escondida uma das maiores Verdades filosóficas, científicas e religiosas.

Nós lhe explicamos o Ensinamento Hermético sobre a Natureza Mental do Universo — a Verdade de que "o Universo é Mental; ele está na Mente do TODO". Como diz o Caibalion, na passagem citada acima: "Tudo está no TODO". Mas note também a declaração correlacionada, que: "É igualmente Verdade que o TODO está em TUDO." Essa afirma-

Mestre." As citações acima são do Caibalion, e são dignas de serem conservadas na memória do estudante.

Não vivemos em um mundo de sonhos, mas em um Universo que, embora relativo, é tão real quanto às nossas vidas e ações. Nossa ocupação no Universo não é negar sua existência, mas viver, usando as Leis para nos elevarmos do inferior ao superior, fazendo o melhor que podemos sob as circunstâncias que surgem a cada dia e vivendo, tanto quanto possível, as nossas mais elevadas ideias e ideais. O verdadeiro fim da Vida não é conhecido pelos homens neste plano; as mais altas autoridades e nossas próprias intuições nos ensinam que não cometeremos nenhum erro em viver do melhor modo que pudermos e, segundo a tendência Universal, seguindo na mesma direção, apesar das aparentes evidências em contrário. Estamos todos no Caminho — e a estrada nos leva para cima sempre, deixando muitos lugares para trás.

Leia a mensagem do Caibalion, e siga o exemplo do sábio, evitando o erro dos falsos sábios que perecem em razão de sua loucura.

hermética ao tatear no escuro uma saída do Labirinto para o qual ele vagou em sua busca da Realidade.

O objetivo desta lição é imprimir nas mentes de nossos estudantes o fato de que, para todos os efeitos, o Universo, suas Leis e seus fenômenos são tão REAIS, no que diz respeito ao homem, como estariam sob as hipóteses do Materialismo ou do Energismo. Sob qualquer hipótese, o Universo, em seu aspecto externo, está mudando, sempre fluindo, transitório, e, portanto, desprovido de substancialidade e realidade. Mas (note o outro polo da Verdade) sob as mesmas hipóteses, somos obrigados a agir e a viver como se as coisas transitórias fossem reais e substanciais. Há sempre essa diferença, entre as várias hipóteses, que sob as velhas visões o Poder Mental era ignorado como uma Força Natural, enquanto sob o Mentalismo torna-se uma grandiosa Força Natural. E essa diferença revoluciona a Vida, para aqueles que entendem este Princípio e suas Leis e práticas resultantes.

Então, finalmente, todos os estudantes devem apreender as vantagens do Mentalismo e aprender a conhecer, usar e aplicar as leis que dele resultam. Mas não ceda à tentação que, como afirma Caibalion, domina os falsos sábios e os deixa hipnotizados pela aparente irrealidade das coisas; a consequência é que eles vagam no mundo como desvairados, vivendo em uma terra de sonhos, ignorando o trabalho prático e a vida do homem, sendo seu fim "serem quebrados contra as rochas e rasgados pelos elementos, por causa de sua loucura". Em vez disso, siga o exemplo do sábio, em que a mesma Verdade é afirmada da seguinte forma: "use a Lei contra as Leis; o maior contra o menor; e pela Arte da Alquimia transmute aquilo que é indesejável no que é agradável, e, portanto, triunfe." Seguindo a autoridade, evitemos a falsa Sabedoria (que é uma loucura), que ignora a Verdade de que: "A maestria não consiste em sonhos anormais, visões e imaginações fantásticas ou vivas, mas em usar as forças mais altas contra as mais baixas, escapando das dores dos planos inferiores ao vibrar de modo mais elevado." Lembre-se sempre, estudante, que "Transmutação, não negação presunçosa, é a arma do é Mental, não muda as concepções científicas do Universo, da Vida ou da Evolução. Na Verdade, a ciência apenas corrobora os ensinamentos herméticos. Estes últimos apenas ensinam que a natureza do Universo é Mental, enquanto a ciência moderna ensina que é Material; ou (ultimamente) que é "Energia", em última análise. Os Ensinamentos Herméticos não caem no erro de confrontar os princípios básicos de Herbert Spencer que postula a existência de uma "Energia Infinita e Eterna, da qual todas as coisas procedem". Na Verdade, os Herméticos reconhecem na Filosofia de Spencer a mais alta declaração externa do funcionamento das Leis Naturais que já foram promulgadas, e acreditam que Spencer foi uma reencarnação de um filósofo que habitou no Antigo Egito há milhares de anos, e que mais tarde encarnou como Heráclito, o filósofo grego que viveu em 500 a.C. Eles consideram sua declaração da "Energia Infinita e Eterna" diretamente na linha dos Ensinamentos Herméticos, sempre com a adição de sua própria doutrina de que sua "Energia" (a de Spencer) é a Energia da Mente do TODO. Com a Chave-Mestra da Filosofia Hermética, o estudante será capaz de abrir muitas portas das concepções filosóficas do grande filósofo inglês, cujo trabalho mostra os resultados da preparação de suas encarnações anteriores. Seus ensinamentos sobre Evolução e Ritmo estão perfeitamente alinhados com os Ensinamentos Herméticos sobre o Princípio do Ritmo.

Assim, o estudante do Hermetismo não precisa deixar de lado quaisquer visões científicas sobre o Universo. Tudo o que lhe é pedido para fazer é compreender o princípio subjacente de "O TODO é mente; o Universo é Mental, mantido na mente do TODO." Ele descobrirá que os outros seis dos Sete Princípios se adaptarão em seu conhecimento científico e servirão para esclarecê-los. Não há o que ser questionado quando percebemos a influência do pensamento hermético nos primeiros filósofos da Grécia, cujos fundamentos de pensamento geraram grande parte das teorias e da ciência moderna. A aceitação do Primeiro Princípio Hermético (Mentalismo) é o único grande ponto de diferença entre os estudantes de ciência moderna e Herméticos, e a Ciência está gradualmente se movendo em direção à posição

ção aparentemente contraditória é reconciliável sob a Lei do Paradoxo. É, além disso, uma afirmação hermética das relações existentes entre o TODO e seu Universo Mental. Vimos como "Tudo está no TODO" — agora vamos examinar o outro aspecto do assunto.

Os Ensinamentos Herméticos são, em seu sentido, que o TODO é iminente (permanece dentro; é inerente; habita) em seu Universo, e em cada parte, partícula, unidade ou combinação, dentro do Universo. Esta afirmação é geralmente ilustrada pelos Professores através de uma referência ao Princípio da Correspondência. O Professor instrui o aluno a formar uma Imagem Mental de algo, uma pessoa, uma ideia, algo com uma forma mental, o exemplo favorito é o do autor ou dramaturgo formando uma ideia de seus personagens; ou um pintor ou escultor formando uma imagem de um ideal que ele deseja expressar por sua arte. Em cada caso, o aluno descobrirá que, enquanto a imagem tem sua existência – e apenas dentro de sua própria mente –, ao mesmo tempo, ele, seja aluno, autor, dramaturgo, pintor ou escultor, é, de certa forma, imanente; permanecendo dentro; ou habitando a imagem mental também. Em outras palavras, toda a virtude, a vida e o espírito da realidade na imagem mental são derivados da "mente imanente" do pensador. Considere isso por um momento, até que a ideia seja apreendida.

Para tomar um exemplo moderno, digamos que Otelo, Iago, Hamlet, Lear, Ricardo III existiam meramente na mente de Shakespeare, na época de sua concepção ou criação. E ainda assim, Shakespeare também existia dentro de cada um desses personagens, dando-lhes sua vitalidade, espírito e ação. De quem é o "espírito" dos personagens que conhecemos como Micawber, Oliver Twist, Uriah Heep; será Dickens, ou cada um desses personagens teria um espírito pessoal, independente de seu criador? A Vênus de Médici, a Madona Sistina, o Apolo de Belvedere, são espíritos e realidade de si próprios, ou representam o poder espiritual e mental de seus criadores? A Lei do Paradoxo explica que ambas as proposições são verdadeiras, vistas dos pontos de vista adequados. Micawber é Micawber e, ainda, Dickens. E, novamente, enquanto pode-se dizer que Micawber é Dickens, no entanto, Dickens não é idêntico a Micawber. O homem, como Micawber, pode exclamar: "O Espírito do meu Criador é inerente a mim, e ainda assim eu não sou ELE!" Como isso é diferente da chocante meia verdade tão estrondosamente anunciada por alguns dos falsos sábios, que enchem o ar com seus gritos raivosos de: "Eu sou Deus!" Imagine Micawber, ou o sorrateiro Uriah Heep, gritando: "Eu sou Dickens"; ou alguns dos humildes bobos em uma das peças de Shakespeare, eloquentemente anunciando: "Eu sou Shakespeare!" O TODO está até na minhoca, e ainda assim o verme da terra está longe de ser o TODO. E ainda resta a maravilha de que, embora o verme terrestre exista meramente como uma coisa humilde, criada e tendo seu ser apenas dentro da Mente do TODO, o TODO é imanente na minhoca e nas partículas que compõem o verme terrestre. Haverá talvez um mistério maior do que este de Tudo no TODO, e o TODO em Tudo?

O estudante perceberá que as ilustrações dadas acima são necessariamente imperfeitas e inadequadas, pois representam a criação de imagens mentais em mentes finitas, enquanto o Universo é uma criação da Mente Infinita, e a diferença entre os dois polos as separa. No entanto, é apenas uma questão de grau, já que o mesmo Princípio está em operação: o Princípio da Correspondência se manifesta em cada um. "Assim como acima é abaixo; assim como abaixo é acima".

E, no grau em que o Homem percebe a existência do Espírito imanente dentro de seu ser, assim ele se erguerá na escada espiritual da vida. É isso que significa o desenvolvimento espiritual: o reconhecimento, a realização e a manifestação do Espírito dentro de nós. Tente lembrar essa última definição do desenvolvimento espiritual. Contém a Verdade da verdadeira Religião.

Existem muitos planos de Existência, muitos subplanos da vida, muitos graus de existência no Universo. E tudo depende do avanço dos seres na escada, na qual a ponta inferior é a mais grosseira matéria e a ponta superior é separada apenas pela divisão mais sutil do ESPÍRITO do TODO. E, nesta Escada da Vida, tudo está se movendo. Todos estão no Caminho cujo fim é o TODO. Todo o progresso é um Lar para onde se retorna. Tudo está acima e abaixo, apesar de todas as aparências contraditórias. Esta é a mensagem dos Iluminados.

Os Ensinamentos Herméticos relativos ao processo da Criação Mental do Universo são que, no início do Ciclo Criativo, o TODO, em seu aspecto de Existência, projeta sua Vontade em direção ao seu aspecto de "Tornar-se" e começa o processo de criação. Ensina-se que o processo consiste na redução da Vibração até que um grau muito baixo de energia vibratória seja alcançado, momento em que a forma mais grosseira possível de Matéria se manifesta. Esse processo é chamado de etapa da Involução, na qual o TODO se torna "involuído", ou "envolvido" dentro sua criação. Os Hermetistas acreditam que este processo tem correspondência com o processo mental de um artista, escritor ou inventor, que se torna tão envolvido em sua criação mental a ponto de quase esquecer sua própria existência, por um tempo, quase "vivendo em sua criação". Se em vez de "envoltos" usarmos a palavra "extasiados", talvez possamos dar uma pequena ideia do que queremos dizer.

Esse estágio involutivo da Criação é às vezes chamado de "Efusão" da Energia Divina, assim como o Estado Evolutivo é chamado de "Infusão". O polo extremo do processo de Criação é considerado o mais distante movido pelo TODO, enquanto o início da etapa Evolutiva é considerado como o início do retorno do Ritmo de pêndulo, sendo expressa como uma ideia de "voltar para casa" em todos os Ensinamentos Herméticos.

Os Ensinamentos dizem que, durante a "Efusão", as vibrações ficam cada vez mais baixas até que finalmente o impulso cessa, e o balanço de retorno começa. Mas há uma diferença: enquanto na "Efusão" as forças criativas se manifestam compactamente e como um todo, no início da etapa Evolutiva ou "Infusão", manifesta-se a Lei da Individualização, ou seja, a tendência de se separar em Unidades de Força, de modo que finalmente aquilo que se separou do TODO como energia não individualizada retorna à sua fonte como inúmeras Unidades de Vida altamente desenvolvidas, tendo subido cada vez mais na escada por meio da Evolução Física, Mental e Espiritual.

Os antigos Hermetistas usam a palavra "Meditação" para descrever o processo de criação mental do Universo na Mente do TODO, e a palavra "Contemplação" também é empregada com frequência. Mas a ideia compreendida parece ser a do emprego da Atenção Divina. "Atenção" é uma palavra derivada da raiz latina, que significa "estender-se; desdobrar-se"; e o ato de Atenção é, realmente, um "desdobramento mental; extensão" da energia mental, de modo que a ideia interior seja prontamente compreendida quando examinamos o real significado de "Atenção".

Os ensinamentos herméticos sobre o processo de Evolução são que o TODO, tendo meditado no início da Criação, tendo assim estabelecido os fundamentos materiais do Universo, tendo pensado que ele existia, gradualmente desperta de sua Meditação e começa a manifestar o processo de Evolução, sobre os planos material, mental e espiritual, sucessivamente e em ordem. Assim, o movimento ascendente começa, e tudo começa a mover para a mansão espiritual. A matéria torna-se menos grosseira; as Unidades brotam em existência; as combinações começam a se formar; a Vida aparece e se manifesta em formas cada vez mais elevadas, a Mente se torna cada vez mais evidente e as vibrações constantemente se tornam mais elevadas. Em suma, todo o processo de Evolução, em todas as suas fases, começa, e prossegue de acordo com o processo estabelecido através das Leis do Processo de Infusão. Todas ocupam Eras sobre Eras do tempo do Homem, cada Era contendo incontáveis milhões de anos, mas, ainda assim, como dizem os Iluminados, toda a criação, incluindo a Involução e Evolução de um Universo, é apenas "como um piscar de olhos" para o TODO. No final de inúmeros ciclos de Eras de tempo, o TODO retira sua Atenção — sua Contemplação e Meditação — do Universo, pois a Grande Obra está concluída, e Tudo é retirado do TODO do qual emergiu. Mas, ó Mistério dos Mistérios!, o Espírito de cada alma não é aniquilado, mas é infinitamente expandido, as Criaturas e o Criador são mesclados. Tal é o relato dos Iluminados!

A ilustração acima da "meditação", e subsequente "despertar da meditação" do TODO é, naturalmente, apenas uma tentativa dos professores de descreverem o processo Infinito por meio de um exemplo finito. E, ainda: "Assim como abaixo é também acima", a diferença é apenas em grau. E assim como o TODO desperta da meditação sobre o Universo, o homem (com o tempo) deixa de se manifestar no Plano Material, e se retira cada vez mais no Espírito presente, que é, de fato, "O Ego Divino".

Há mais um assunto do qual desejamos falar nesta lição e que se aproxima muito de uma invasão do campo da especulação Metafísica, embora nosso propósito seja apenas mostrar a futilidade de tal especulação. Aludimos à pergunta que inevitavelmente vem à mente de todos os pensadores que se aventuraram a buscar a Verdade. A questão é: "POR QUE O TODO criou os Universos?" A pergunta pode ser feita de diferentes formas, mas a acima é a essência da questão.

Os homens têm se esforçado para responder a essa pergunta, mas ainda não há resposta digna de nome. Alguns imaginaram que o TODO tinha algo a ganhar com isso, mas isso é absurdo, pois o que poderia ganhar o TODO que já não possuía? Outros buscaram a resposta na ideia de que o TODO "desejava algo para amar", e outros que ele criou por prazer, ou diversão; ou porque "era solitário" ou para manifestar seu poder; — todas as explicações e ideias pueris, pertencentes ao período infantil do pensamento.

Outros têm procurado explicar o mistério assumindo que o TODO se viu "obrigado" a criar em razão de sua própria "natureza interna", seu "instinto criativo". Essa ideia é mais adiantada do que as outras, mas seu ponto fraco reside na ideia de o TODO ser "impelido" por qualquer coisa, interna ou externa. Se sua "natureza interna", ou "instinto criativo", o obrigava a fazer qualquer coisa, então a "natureza interna" ou "instinto criativo" seria o Absoluto, em vez do TODO, e assim, essa parte da proposição cai. E, no entanto, o TODO cria e se manifesta e parece encontrar algum tipo de satisfação em fazê-lo. É difícil escapar da conclusão de que, em algum grau infinito, deve ter o que corresponderia no homem como uma "natureza inata", ou "instinto criativo", com Desejo e Vontade correspondentemente infinitos. Ele não poderia agir a menos que quisesse agir, e não poderia querer agir sem ter a Vontade de agir; não desejaria agir a menos que obtivesse alguma satisfação nisso. E todas essas coisas pertenceriam a uma "Natureza Interior", e poderiam ser postuladas como existentes de acordo com a Lei da Correspondência. Mas, ainda assim, preferimos pensar no TODO como agindo inteiramente livre de qualquer influência, tanto interna quanto externa. Esse é o problema que está na raiz da dificuldade, e a dificuldade se apoia na raiz do problema.

Estritamente falando, não se pode dizer que não haja qualquer "Razão" para o TODO agir, pois uma "razão" implica uma "causa", e o TODO está acima de Causa e Efeito, exceto quando ele deseja se tornar uma Causa, momento em que o Princípio é colocado em movimento. Então, veja, o assunto é impensável, assim como o TODO é desconhecido. Do mesmo modo como dizemos que o TODO apenas "É", somos obrigados a dizer que "O TODO AGE PORQUE AGE". Por fim, o TODO é toda a Razão em si; Toda Lei em si; Toda a Ação em si — e pode-se dizer, em Verdade, que o TODO é sua própria razão; sua própria Lei; seu próprio Ato, ou ainda mais, que o TODO, Sua Razão, Seu Ato, Sua Lei são Um, todos sendo nomes para a mesma coisa. Na opinião daqueles que estão lhe dando essas lições presentes, a resposta está no ÍNTIMO do TODO, juntamente com seu Segredo de Existência. A Lei da Correspondência, em nossa opinião, atinge apenas esse aspecto do TODO, que pode ser chamado como "O Aspecto de ESTADO".

Por detrás desse aspecto está "O Aspecto de EXISTÊNCIA", no qual todas as Leis são perdidas na Lei; todos os Princípios se fundem no PRINCÍPIO — e O TODO, PRINCÍPIO e EXISTÊNCIA são idênticos uns aos outros. Portanto, a especulação Metafísica sobre este ponto é inútil. Entramos no assunto aqui apenas para mostrar que reconhecemos a questão e o absurdo das respostas ordinárias da Metafísica e da Teologia.

Em conclusão, pode ser de interesse para nossos alunos saber que, embora alguns dos antigos e modernos professores herméticos tenham se inclinado bastante na direção de aplicar o Princípio da Correspondência à questão, com o resultado da conclusão da "Natureza Interior", ainda as lendas têm que HERMES, o Grande, quando questionado sobre essa pergunta por seus alunos avançados, respondia-os pressionando os lábios firmemente, cerrando-os e não dizendo uma palavra, indicando que não havia resposta. Mas, então, ele pode ter pretendido aplicar o axioma de sua Filosofia: "Os lábios da Sabedoria estão fechados, exceto para os ouvidos da Compreensão", acreditando que mesmo seus alunos avançados não possuíam o Entendimento que lhes dava direito ao Ensinamento. De qualquer forma, se Hermes possuía o Segredo, ele não o comunico e, embora o mundo tenha muito interesse, os lábios de HERMES estão fechados a esse respeito. E se o Grande Hermes hesitou falar, que mortal pode ousar ensinar?

Mas, lembre-se de que qualquer que seja a resposta para esse problema, se de fato houver uma resposta, a Verdade que permanece é: "Enquanto Tudo está no TODO, é igualmente Verdade que o TODO está em Tudo." O Ensinamento sobre esse ponto é enfático. E podemos acrescentar as palavras finais da citação: "Aquele que realmente entende essa Verdade alcança grande conhecimento."

Capítulo VIII
Planos da Correspondência

"O que está acima é como o que está abaixo, e o que está abaixo é como o que está acima." — O Caibalion

O Segundo Princípio Hermético incorpora a Verdade de que há uma harmonia, concordância e correspondência entre os vários planos de Manifestação, Vida e Existência. Essa afirmação é uma Verdade porque tudo o que está no Universo emana da mesma fonte, e as mesmas leis, princípios e características se aplicam a cada unidade, ou combinação de unidades, de atividades, pois cada uma manifesta seus próprios fenômenos em seu próprio plano.

Para fins de conveniência de pensamento e de estudo, a Filosofia Hermética considera que o Universo pode ser dividido em três grandes classes de fenômenos, conhecidos como os Três Grandes Planos, ou seja:

O Grande Plano Físico
O Grande Plano Mental
O Grande Plano Espiritual

Essas divisões são mais ou menos artificiais e arbitrárias, pois a Verdade é que todas as três divisões são apenas graus ascendentes da grande escala da Vida, onde o ponto mais baixo é a Matéria indiferenciada e o mais elevado é o espírito. E, além disso, os diferentes Planos transpassam uns aos outros, de modo que nenhuma divisão não sólida e rápida possa ser feita entre os fenômenos mais elevados do Plano Físico e o mais inferior do Plano Mental, ou entre os mais elevados do Mental e os mais inferiores do Físico.

Em suma, os Três Grandes Planos podem ser considerados como três grandes grupos de graus de Manifestação da Vida. Embora os propósitos deste pequeno livro não nos permitam entrar em uma discussão estendida ou explicação sobre o objeto desses diferentes planos, acreditamos ser útil dar uma descrição geral dos mesmos.

No início, podemos considerar a pergunta tão frequentemente feita pelo neófito que deseja ser informado sobre o significado da palavra "Plano", termo que tem sido utilizado muito livremente e muito mal explicado em muitos trabalhos recentes sobre o tema ocultismo. A questão é geralmente sobre o seguinte: "Um Plano é um lugar com dimensões, ou é apenas uma condição ou estado?" Respondemos: "Não; não é um lugar, nem dimensão comum do espaço; é ainda mais do que um estado ou condição. Pode ser considerado como estado ou condição, mas ainda assim o estado ou condição é um grau de dimensão, em escala sujeita à medição." Um pouco paradoxal, não é? Mas vamos examinar o assunto. Uma "dimensão", como se sabe, é "uma medida em linha reta, relacionada à medida" etc. As dimensões comuns do espaço são comprimento, largura e altura, ou talvez comprimento, largura, altura, espessura ou circunferência. Mas há outra dimensão de "coisas criadas" ou "medida em linha reta", conhecida pelos ocultistas e cientistas, embora estes ainda não tenham aplicado o termo "dimensão" — e essa nova dimensão, que, por sinal, será futuramente investigada como a "Quarta Dimensão", é o padrão usado para determinar os graus ou "planos".

Planos da Correspondência

Esta Quarta Dimensão pode ser chamada de "A Dimensão da Vibração". É um fato bem conhecido pela ciência moderna, bem como pelos Hermetistas que incorporaram a Verdade em seu "Terceiro Princípio Hermético", em que "tudo está em movimento; tudo vibra; nada está parado". Da manifestação mais alta à mais baixa, tudo e todas as coisas vibram. Elas não só vibram em diferentes coeficientes de movimento, mas como em direções diferentes e de maneiras diferentes. Os graus do coeficiente de vibrações constituem os graus de medição na Escala de Vibrações, ou seja, os graus da Quarta Dimensão. E esses graus formam o que os ocultistas chamam de "Planos". Quanto maior o grau de vibração, mais elevado é o plano, e maior a manifestação da Vida ocupando aquele plano. Assim, apesar de um plano não ser "um lugar", nem ainda "um estado ou condição", ele possui qualidades comuns a ambos. Teremos mais a dizer sobre o tema da Escala das Vibrações em nossas próximas lições, nas quais consideraremos o Princípio Hermético da Vibração.

Deve-se lembrar, no entanto, que os Três Grandes Planos não são divisões reais dos fenômenos do Universo, mas meramente termos arbitrários usados pelos Hermetistas a fim de ajudar no pensamento e estudo dos vários graus e formas de atividade e vida universal. O átomo da matéria, a unidade de força, a mente do homem e a existência do arcanjo são graus de uma escala, e todos fundamentalmente o mesmo, a diferença sendo apenas uma questão de grau e coeficiente de vibração; todos são criações do TODO, e têm sua existência apenas dentro da Mente Infinita do TODO.

Os Hermetistas subdividem cada um dos Três Grandes Planos em Sete Planos Menores, e cada um destes também são subdivididos em sete subplanos, todas as divisões sendo mais ou menos arbitrárias, penetrando-se entre si e adotadas apenas por conveniência de estudo e pensamento científico.

O Grande Plano Físico – e seus Sete Planos Menores – é a divisão dos fenômenos do Universo que inclui tudo o que se relaciona com forças e manifestações físicas, ou materiais. Inclui todas as formas que chamamos de Matéria, bem como as que chamamos de Energia ou Força. Deve-se, porém, lembrar que a Filosofia Hermética não reconhece a matéria como uma coisa em si, ou como tendo uma existência separada da Mente do TODO. Os ensinamentos são que a matéria é apenas uma forma de Energia, ou seja, ela é a energia em um coeficiente inferior de vibrações de um certo tipo. Portanto, os Hermetistas classificam a Matéria sob a extremidade inferior da Energia, e dão-lhe três dos Sete Planos Menores do Grande Plano Físico.

Os Sete Planos Físicos Menores são os seguintes:

O Plano da Matéria (A)
O Plano da Matéria (B)
O Plano da Matéria (C)
O Plano de Substância Etérea
O Plano de Energia (A)
O Plano de Energia (B)
O Plano de Energia (C)

O Plano da Matéria (A) compreende as formas de Matéria em sua forma de sólidos, líquidos e gases, como geralmente reconhecido pelos livros sobre física. **O Plano da Matéria (B)** compreende certas formas mais elevadas e sutis de Matéria cuja existência a ciência moderna está reconhecendo atualmente, os fenômenos da Matéria Radiante, em suas fases de rádio etc., que contém a subdivisão inferior deste Plano Menor. **O Plano da Matéria (C)** compreende formas da matéria mais sutil e tênue, cuja existência não é suspeita por cientistas comuns. O Plano da Substância Etérea compreende o que a ciência chama de "Éter", uma substância de extrema tenuidade e elasticidade, permeando todo o Espaço Universal, e atuando como meio detransmissão de ondas de energia, como luz, calor, eletricidade etc. Essa Substância Etérea forma uma ligação entre matéria (as chamadas) e energia, e participa da natureza de cada um. Os Ensinamentos Herméticos, no entanto, instruem que este plano tem sete subdivisões, assim como todos os Planos Menores, e que, na verdade, existem sete éteres, em vez de apenas um.

Em seguida, acima do **Plano da Substância Etérea**, vem o **Plano de Energia (A)**, que compreende as formas ordinárias de Energia conhecidas pela ciência, sendo esses os seus sete subplanos, respectivamente: Calor, Luz, Magnetismo, Eletricidade e Atração, incluindo Gravitação, Coesão, Afinidade Química etc., e várias outras formas de energia indicadas por experimentos científicos, mas ainda não nomeados ou classificados. **O Plano de Energia (B)** compreende sete subplanos de formas mais elevadas de energia ainda não descobertas pela ciência, mas que foram apelidadas de "Forças Mais Sutis da Natureza" e que são consideradas ativas nas manifestações de certas formas de fenômenos mentais, por meio das quais tais fenômenos se tornam possíveis. **O Plano de Energia (C)** compreende sete subplanos de energia tão altamente organizados que trazem muitas das características da "vida", mas que não são reconhecidas pelas mentes dos homens no plano comum de desenvolvimento, estando disponíveis apenas para seres do Plano Espiritual. Tal energia é impensável para o homem comum e pode ser considerada quase como "força divina". Os entes que a empregam são como "deuses" comparados com os mais elevados tipos humanos conhecidos por nós.

O Grande Plano Mental compreende essas formas de "pensamentos viventes" conhecidos por nós na vida comum, bem como certas outras formas não tão conhecidas, exceto para os ocultistas. A classificação dos Sete Planos Menores Mentais é mais ou menos satisfatória e arbitrária (se não for acompanhada de explicações elaboradas que são estranhas ao propósito deste trabalho em particular), mas podemos muito bem mencioná-los. São os seguintes:

O Plano da Mente Mineral
O Plano da Mente Elemental (A)
O Plano da Mente Vegetal

O Plano da Mente Elemental (B)
O Plano da Mente Animal
O Plano da Mente Elemental (C)
O Plano da Mente Humana

    O Plano da Mente Mineral compreende os "estados ou condições" das unidades ou entidades, ou grupos e combinações delas, que animam as formas conhecidas por nós como minerais, químicas etc. Essas entidades não devem ser confundidas com as moléculas, átomos e corpúsculos em si, que são simplesmente os corpos ou formas materiais dessas entidades, assim como o corpo de um homem é apenas sua forma material e não "ele mesmo". Essas entidades podem ser chamadas de "espíritos" em um sentido e são seres vivos de um baixo grau de desenvolvimento, vida e mente, apenas um pouco mais do que unidades de "energia vivente" que compreendem as subdivisões mais elevadas do Plano Físico. A mente média geralmente não atribui a posse da mente, da alma ou da vida ao reino mineral, mas todos os ocultistas reconhecem a existência dela, e a ciência moderna está rapidamente avançando para o ponto de vista Hermético a este respeito. As moléculas, átomos e corpúsculos têm seus "amores e ódios", "semelhanças e dessemelhanças", "atrações e repulsas", "afinidades e não afinidades" etc., e algumas das mentes científicas mais ousadas expressaram a opinião de que o desejo e a vontade, as emoções e sentimentos dos átomos diferem apenas em grau do que os homens têm. Contudo, não temos espaço para discutir este assunto aqui. Todos os ocultistas reconhecem este fato, e outros se referiram a diversos trabalhos científicos mais recentes para corroboração externa. Estas são as sete subdivisões usuais deste plano.
    O Plano da Mente Elemental (A) compreende o estado ou a condição, e o grau de desenvolvimento mental e vital de uma classe de entidades desconhecidas do homem comum, mas reconhecidas pelos ocultistas. Eles são invisíveis aos sentidos comuns do homem, mas existem e desempe-

nham seu papel no Drama do Universo. Seu grau de inteligência está entre o das entidades minerais e químicas, por um lado, e das entidades do reino vegetal, por outro. Há sete subdivisões para este plano, também.

O **Plano da Mente Vegetal**, em suas sete subdivisões, compreende os estados ou condições das entidades que compõem os reinos do Mundo Vegetal, os fenômenos vitais e mentais, os quais são muito bem compreendido pela pessoa inteligente média, tendo sido publicados muitos trabalhos científicos novos e interessantes sobre "Mente e Vida das Plantas" durante a última década. As plantas têm vida, mente e "almas", assim como têm os animais, o homem e o super-homem.

O **Plano da Mente Elemental (B)**, em suas sete subdivisões, compreende os estados e condições de uma forma superior de entidades "elementais" ou invisíveis, desempenhando seu papel no trabalho geral do Universo, cuja mente e vida formam parte da escada entre o Plano da Mente Vegetal e o Plano da Mente Animal, em que as entidades participam da natureza de ambos.

O **Plano da Mente Animal**, em suas sete subdivisões, compreende os estados e condições das entidades, entes ou espíritos que animam as formas de vida animais, familiares a todos nós. Não é necessário entrar em detalhes sobre este reino ou plano de vida, pois o mundo animal é tão familiar para nós quanto o nosso próprio.

O **Plano da Mente Elemental (C)**, em suas sete subdivisões, compreende essas entidades ou entes invisíveis, como são todas as formas elementais, que participam da natureza da vida animal e humana em um grau e em certas combinações. As formas mais elevadas são semi-humanas em inteligência.

O **Plano da Mente Humana**, em suas sete subdivisões, compreende as manifestações de vida e mentalidade que são comuns ao homem, em seus vários graus e divisões. Nesse sentido, queremos salientar o fato de que o homem médio de hoje ocupa a Quarta Subdivisão do Plano da Mente Humana, e apenas os mais inteligentes cruzaram as fronteiras da Quinta Subdivisão. A raça levou milhões de anos para alcançar essa posição e levará muitos mais anos para passar para a sexta e sétima subdivisões e além. Mas devemos lembrar que houve raças antes de nós que passaram por esses graus e, depois, para planos mais elevados. Nossa própria raça é a quinta (com restos da quarta) que adotou o Caminho. Contudo, há alguns espíritos avançados de nossa própria raça que superaram as massas e que passaram para a sexta e sétima subdivisões, e alguns poucos ainda mais adiante. O homem da Sexta Subdivisão será "O Super-Homem"; e o da Sétima será "O Sobre-Homem".

Em nossa consideração dos Sete Planos Mentais Menores, nós apenas nos referimos aos Três Planos Elementais de uma maneira geral. Não queremos entrar nesse assunto em detalhes, pois essa obra limita-se a tratar da Filosofia e dos preceitos gerais. Mas podemos dizer mais, a fim de dar-lhe uma ideia um pouco mais clara das relações desses planos com os mais familiares entre eles: os Planos Elementares têm a mesma relação com os Planos da Mente e da Vida Mineral, Vegetal, Animal e Humana, assim como as teclas pretas do piano estão para as teclas brancas. As teclas brancas são suficientes para produzir música, mas há certas escalas, melodias e harmonias, nas quais as teclas pretas desempenham seu papel e nas quais sua presença é necessária. Também são necessários como "elos de união" da condição do espírito; são entidades-estados, entre os vários outros planos, certas formas de desenvolvimento podendo ser atingidas a partir delas; este último resultado dá ao leitor que pode "ler entre as linhas" uma nova luz sobre os processos da Evolução e uma nova chave para a porta secreta dos "lábios da vida" entre um reino e outro. Os grandes reinos de Elementais são plenamente reconhecidos por todos os ocultistas, e os escritos esotéricos estão cheios de menção a eles. Os leitores de "Zanoni" de Bulwer Lytton e obras semelhantes reconhecerão as entidades que habitam esses planos de vida.

Passando do Grande Plano Mental para o Grande Plano Espiritual, o que diremos? Como podemos explicar esses estados superiores do Ente, da Vida e da Mente às mentes ainda incapazes de compreender e entender as mais elevadas subdivisões do Plano da Mente Humana? A tarefa é impossível. Só poderemos falar em termos mais gerais. Como a luz pode ser descrita a um homem nascido cego? Como explicar o açúcar, para um homem que nunca provou nada doce, ou a harmonia, a quem nasceu surdo?

Tudo o que podemos dizer é que os Sete Planos Menores do Grande Plano Espiritual (cada Plano Menor com suas sete subdivisões) compreendem Entes que possuem Vida, Mente e Forma tão superiores às do homem atual como a deste é em relação aos vermes, aos minerais ou mesmo a certas formas da Energia ou Matéria. A Vida desses Entes é tão transcendental para nós que não podemos sequer pensar nos detalhes. Suas Mentes são tão transcendentes à nossa que, para eles, nós parecemos pouco pensar, e nossos processos mentais lhes parecem quase semelhantes aos processos materiais; a Matéria de que suas formas são compostas é dos Planos mais elevados da Matéria, ou como até se diz de alguns, que estão "vestidos de Energia Pura". O que pode ser dito de tais Entes?

Nos Sete Planos Menores do Grande Plano Espiritual existem Entes dos quais podemos chamar como Anjos, Arcanjos e Semideuses. Nos Planos Menores inferiores habitam essas grandes almas a quem chamamos de Mestres e Adeptos. Acima deles vêm as Grandes Hierarquias das Hostes Angélicas, inconcebíveis para ao homem; e acima destas vêm aqueles que podem, sem irreverência, serem chamados de "Deuses". Tão elevados na escada da Existência estão eles que a sua existência, inteligência e poder são semelhantes aos atribuídos pelas raças dos homens às suas concepções de Divindade. Esses Seres estão além até mesmo dos mais altos voos da imaginação humana, sendo a palavra "Divino" a única aplicável a eles. Muitos desses Seres, assim como as Hostes Angélicas, interessam-se mais pelos assuntos do Universo e desempenham um papel importante em tais questões. Essas Divindades Invisíveis e Anjos Protetores estendem sua influência livre e poderosamente no processo de Evolução e Progresso Cósmico. Sua ocasional intervenção e assistência nos assuntos humanos criou muitas lendas, crenças, religiões e tradições da raça, no passado e presente. Eles muitas vezes sobrepuseram ao mundo seus conhecimentos e poderes conforme a Lei do TODO, é claro.

Mas, ainda assim, mesmo os mais elevados desses Entes avançados existem apenas como criações da Mente do TODO e estão sujeitos aos Processos Cósmicos e às Leis Universais. Eles são ainda mortais. Podemos chamá-los de "deuses" comparados conosco, mas ainda assim são apenas os Irmãos mais Velhos da Raça, as almas mais avançadas que superaram seus irmãos e que renunciaram ao êxtase da Absorção pelo TODO, a fim de ajudar a raça em sua jornada para ascender o Caminho. Mas eles pertencem ao Universo e estão sujeitos às suas condições — eles são mortais — e seu plano está abaixo do plano do Espírito Absoluto.

Apenas os Hermetistas mais avançados são capazes de compreender os mais ocultos Preceitos sobre o estado de existência e os poderes manifestados nos Planos Espirituais. Os fenômenos são tão superiores aos dos Planos Mentais que certamente uma tentativa de descrevê-los resultaria em uma confusão. Somente aqueles cujas mentes foram cuidadosamente treinadas na doutrina da Filosofia Hermética por anos — aqueles que trouxeram com eles de outras encarnações o conhecimento já adquirido anteriormente — podem compreender exatamente o que se entende pelo Ensinamento sobre esse Plano Espiritual. E grande parte desses Preceitos Secretos são considerados pelos Hermetistas como muito sagrados, importantes e até perigosos para serem disseminados ao público em geral. O estudante inteligente pode reconhecer o que queremos dizer com isso, ao afirmarmos que o significado de "Espírito", como usado pelos Hermetistas, é semelhante ao "Poder Vivente", "Força Animada", "Essência Oculta", "Essência da Vida" etc., que não deve ser confundido com o que é comumente empregado em conexão com o termo, ou seja, "religioso, eclesiástico, espiritual, etéreo, santo" etc. Para os ocultistas, a palavra "Espírito" é usada no sentido de "Princípio Animado", levando consigo a ideia de Poder, Energia

Vivente, Força Mística etc. Os ocultistas sabem que o que é conhecido por eles como "Poder Espiritual" pode ser empregado tanto para o mal quanto para o bem (de acordo com o Princípio da Polaridade), fato que tem sido reconhecido pela maioria das religiões em suas concepções de Satã, Belzebu, Diabo, Lúcifer, Anjos Caídos etc. E assim, os conhecimentos sobre esses Planos têm sido conservados no Santo dos Santos, na Câmara Secreta do Templo de todas as Fraternidades Esotéricas e Ordens Ocultas. Mas deve ser dito aqui que aqueles que alcançaram altos poderes espirituais e os usaram indevidamente têm um destino terrível reservado para eles, e a vibração do pêndulo do Ritmo inevitavelmente o balançará de volta ao extremo mais distante da existência material, a partir do qual eles devem refazer seus passos espirituais, ao longo das muitas voltas do Caminho, mas sempre com a tortura adicional de ter com eles uma memória persistente das alturas das quais eles caíram devido às suas más ações. A lenda dos Anjos Caídos tem sua base em fatos reais, como todos os ocultistas avançados sabem. A luta pelo poder egoísta nos Planos Espirituais inevitavelmente resulta no espírito egoísta perdendo seu equilíbrio espiritual e recuando até onde havia subido anteriormente. Mas, mesmo para tal alma, é dada uma oportunidade de retorno, e tais almas fazem a viagem de volta, pagando a terrível penalidade de acordo com a Lei invariável.

Em conclusão, lembraríamos novamente que, de acordo com o Princípio da Correspondência, que incorpora a Verdade, "O que está acima é como o que está abaixo; o que está abaixo é como o que está acima", todos os Sete Princípios Herméticos estão em pleno funcionamento em todos os muitos planos, Físico, Mental e Espiritual. O Princípio da Substância Mental aplica-se a todos os planos, pois tudo nasceu na Mente do TODO. O Princípio da Correspondência se manifesta em tudo, pois há correspondência, harmonia e concordância entre os vários planos. O Princípio da Vibração se manifesta em todos os planos; e, na verdade, as próprias diferenças é que vão fazer com que os "planos" surjam a partir da Vibração, como explicamos. O Princípio da Polaridade se manifesta em todos os planos, porque os extremos dos Polos são, aparentemente, opostos e contraditórios. O Princípio do Ritmo se manifesta em todos os planos, o movimento dos fenômenos tendo seu fluxo e refluxo, a sua alta e baixa. O Princípio da Causa e efeito se manifesta em todos os planos, cada Efeito tendo sua Causa, e cada Causa tendo seu Efeito. O Princípio do Gênero se manifesta em todos os Planos, sendo a Energia Criadora sempre manifestada e operando através dos moldes dos Aspectos Masculinos e Femininos.

"O que está acima é como o que está abaixo; o que está abaixo é como o que está acima." Este axioma hermético secular incorpora um dos grandes Princípios dos Fenômenos Universais. À medida que prosseguimos com nossa consideração dos Princípios permanentes, veremos ainda mais claramente a Verdade da natureza universal deste grande Princípio da Correspondência.

Capítulo IX
Vibração

"Nada está parado; tudo se move; tudo vibra."
— O Caibalion

O Terceiro Grande Princípio Hermético — o Princípio da Vibração — incorpora a Verdade de que o Movimento se manifesta em tudo no Universo, de que nada está em repouso, de que tudo se move, vibra e circula. Este Princípio Hermético foi reconhecido por alguns dos primeiros filósofos gregos que o incorporaram em seus sistemas. Mas, então, durante séculos foi perdido de vista pelos pensadores fora das fileiras herméticas. Mas no século XIX a ciência física redescobriu a Verdade e as descobertas científicas do século XX adicionaram provas de exatidão e verdade desta doutrina hermética centenária.

Os Ensinamentos Herméticos postulam que não só tudo está em constante movimento e vibração, mas que as "diferenças" entre as diversas manifestações do poder universal se devem inteiramente à variação da escala e do modo das vibrações. Não só isso, mas que mesmo o TODO, por si só, manifesta uma vibração constante de um grau infinito de intensidade e movimento rápido que pode ser praticamente considerado como repouso. Os professores direcionam a atenção dos alunos para o fato de que, mesmo no plano físico, um objeto em movimento rápido (como uma roda giratória) parece estar em repouso. Os Ensinamentos são no sentido de que o Espírito está em uma extremidade do Polo de Vibração e, no outro Polo, certas formas extremamente brutas de matéria. Entre esses dois polos há milhões e milhões de escalas e modos de vibração diferentes.

A ciência moderna provou que tudo o que chamamos de Matéria e Energia são apenas "modos de movimento vibratório", e alguns dos cientistas mais avançados estão rapidamente se movendo em direção às posições dos ocultistas que sustentam que os fenômenos da Mente são igualmente modos de vibração ou movimento. Vejamos, então, o que a ciência tem a dizer sobre a questão das vibrações na matéria e na energia.

Em primeiro lugar, a ciência ensina que toda matéria manifesta, em algum grau, as vibrações decorrentes da temperatura ou do calor. Seja um objeto frio ou quente — ambos sendo graus das mesmas coisas —, ele manifesta certas vibrações de calor e, nesse sentido, está em movimento e vibração. Então, todas as partículas da Matéria estão em movimento circular, desde corpúsculo, até sóis. Os planetas giram em torno de sóis e muitos deles conectam seus eixos. Os sóis se movem em torno de pontos centrais maiores, e acredita-se que estes se movem ao redor de ainda maiores, assim por diante, até o infinito. As moléculas das quais os tipos particulares de Matéria são compostos estão em um estado de vibração e movimento constante, umas ao redor das outras. As moléculas são compostas de átomos que, da mesma forma, estão em um estado de constante movimento e vibração. Os átomos são compostos de corpúsculos, muitas vezes chamados de "elétrons", "íons" etc., que também estão em um estado de movimento rápido, girando em torno uns dos outros e que manifestam um estado e modo muito rápido de vibração. E, assim, vemos que todas as formas de matéria manifestam a Vibração, de acordo com o Princípio Hermético da Vibração.

E assim é com as várias formas de energia. A ciência ensina que Luz, Calor, Magnetismo e Eletricidade são apenas formas de movimento vibratório provavelmente emanando do Éter. A ciência ainda não tenta explicar a natureza dos fenômenos conhecidos como Coesão, que é o princípio da

Vibração

Atração Molecular; nem Afinidade Química, que é o princípio da Atração Atômica; nem Gravitação (o maior mistério dos três), que é o princípio da atração pelo qual cada partícula ou massa de Matéria está ligada a todas as outras partículas. Estas três formas de Energia ainda não são entendidas pela ciência, mas os estudiosos inclinam-se à opinião de que estas também são manifestações de alguma forma de energia vibratória, fato que os Hermetistas têm mantido e ensinado por anos.

O Éter Universal, que é postulado pela ciência sem que sua natureza seja entendida claramente, é considerado pelos Hermetistas como sendo apenas uma manifestação maior do que é erroneamente chamado de matéria, isto é, Matéria em um grau mais elevado de vibração, chamado por eles de "Substância Etérea". Os Hermetistas ensinam que esta Substância Etérea é de extrema tenuidade e elasticidade e permeia o espaço universal, servindo como meio de transmissão de ondas de energia vibratória, como calor, luz, eletricidade, magnetismo etc. Os ensinamentos são de que a Substância Etérea é um elo de conexão entre as formas de energia vibratória conhecidas como "Matéria", por um lado, e "Energia ou Força" por outro; e que manifesta um grau de vibração, em escala e modo, inteiramente particular.

Os cientistas ofereceram a ilustração de uma roda, pião ou cilindro em movimento rápido para mostrar os efeitos das escalas aumentativas de vibração. O exemplo supõe uma roda, pião ou cilindro giratório, funcionando a uma velocidade baixa — chamaremos essa coisa giratória de "o objeto" na sequência da ilustração. Suponhamos que o objeto se mova lentamente. Ele pode ser visto imediatamente, mas nenhum som de seu movimento chega ao ouvido. A velocidade é gradualmente aumentada. Em alguns momentos seu movimento se torna tão rápido que um surdo ruído ou uma nota baixa pode ser ouvida. Em seguida, à medida que a escala é aumentada, a nota sobe uma nota na escala musical. Então, o movimento sendo ainda mais aumentado, a próxima nota mais alta é mais bem distinguida. Assim, uma após a outra, todas as notas da escala musical aparecem, subindo cada vez mais à medida que o movimento é aumentado. Finalmente, quando os movimentos atingiram uma certa escala, a nota final perceptível aos ouvidos humanos é alcançada e um som agudo e estridente vai morrendo longe, e o silêncio vem em seguida. Nenhum som é ouvido do objeto giratório, o grau de movimento é tão alto que o ouvido humano não consegue registrar as vibrações. Em seguida, vem a percepção de aumento dos graus de calor e, depois de um bom tempo, o olho capta um vislumbre do objeto se tornando uma escuridão avermelhada. À medida que a taxa aumenta, o vermelho fica mais brilhante. Então, à medida que a velocidade é aumentada, o vermelho se torna um laranja. Em seguida, o laranja se torna amarelo. Depois, seguem-se, sucessivamente, os tons de verde, azul, anil e, finalmente, violeta, à medida que o grau de aceleração aumenta. Então as sombras violetas desaparecem, e todas as cores desaparecem, o olho humano não pode registrá-las. Mas há raios invisíveis que emanam do objeto giratório, os raios que são usados na fotografia, e outros raios sutis de luz. Então começam a manifestar os raios peculiares conhecidos como "Raios X" etc., à medida que a constituição do objeto muda. Eletricidade e magnetismo são emitidos quando o grau apropriado de vibração é atingido.

Quando o objeto atinge uma certa taxa de vibração, suas moléculas se desintegram e giram por si mesmas nos elementos originais, ou átomos. Na sequência, os átomos, seguindo o Princípio da Vibração, são separados nos incontáveis corpúsculos dos quais são compostos. E, finalmente, até os corpúsculos desaparecem, e pode-se dizer que o objeto é composto da Substância Etérea. A ciência não se atreve a seguir adiante do exemplo acima, mas os Hermetistas ensinam que, se as vibrações forem aumentando continuamente, o objeto subiria pelos sucessivos estados de manifestação e, por sua vez, manifestaria os vários graus mentais em direção ao Espírito, até que finalmente se reencontraria no TODO, que é o Espírito Absoluto. O "objeto", no entanto, teria deixado de ser um "objeto" muito antes do estágio da Substância Etérea ser alcançado, mas, apesar disso, o exemplo está correto na medida em que mostra o efeito dos graus e modos de vibração aumentada. Deve-se lembrar, na ilustração acima, que nos graus em que o "objeto" emite vibrações de luz,

Vibração

calor etc., ele não está realmente "resolvido" nessas formas de energia (que são muito maiores na escala), mas simplesmente atinge um grau de vibração em que essas formas de energia são liberadas, em grau, das influências restritivas de suas moléculas, átomos e corpúsculos, conforme o caso. Essas formas de energia, embora muito mais altas na escala do que a matéria, estão aprisionadas e confinadas nas combinações materiais, em razão de que as energias não só se manifestam através da matéria como também empregam suas formas, ficando, assim, emaranhadas e limitadas em suas criações de formas materiais, o que, até certo ponto, é verdade para todas as criações; a força criadora envolvida com sua criação.

Mas os Ensinamentos Herméticos vão muito além dos da ciência moderna. Eles ensinam que toda manifestação de pensamento, emoção, razão, vontade ou desejo, ou qualquer estado ou condição mental, são acompanhados de vibrações, uma parte das quais são emitidas e tendem a afetar a mente de outras pessoas por "indução". Este é o princípio que produz os fenômenos da "telepatia", influência mental e outras formas de ação e poder da mente com as quais o público em geral está rapidamente se familiarizando, devido à ampla disseminação do conhecimento oculto pelas várias escolas, cultos e instrutores na época atual.

Cada pensamento, emoção ou estado mental tem seu grau e modo de vibração correspondentes. E por um esforço da vontade da pessoa, ou de outras pessoas, esses estados mentais podem ser reproduzidos, assim como um tom musical pode ser reproduzido através de um instrumento vibrando a um certo grau, assim como a cor pode ser reproduzida da mesma forma. Através do conhecimento do Princípio da Vibração, como aplicado aos Fenômenos Mentais, pode-se polarizar sua mente a qualquer grau que desejar, ganhando assim um controle perfeito sobre seus estados mentais, humores etc. Da mesma forma, pode-se afetar a mente dos outros, neles produzindo os estados mentais desejados. Em suma, pode-se ser capaz de produzir no Plano Mental o que a ciência produz no Plano Físico, ou seja, "Vibrações à Vontade". Esse poder, naturalmente, só pode ser adquirido através da devida instrução, exercícios, prática etc., sendo a ciência da Transmutação Mental um dos ramos da Arte Hermética.

Uma pequena reflexão sobre o que dissemos mostrará ao estudante que o Princípio da Vibração está por trás dos maravilhosos fenômenos do poder manifestados pelos Mestres e Adeptos, que são capazes de aparentemente deixar de lado as Leis da Natureza, mas que, na realidade, estão simplesmente usando uma lei contra a outra, um princípio contra os outros, e que realizam seus resultados alterando as vibrações de objetos materiais, ou formas de energia, assim realizando os comumente chamados "milagres".

Disse um dos velhos escritores herméticos: "Aquele que compreende o Princípio da Vibração alcançou o cetro do Poder."

Capítulo X
Polaridade

"Tudo é duplo; tudo tem dois polos; tudo tem seu par de opostos; o semelhante e o dessemelhante são os mesmos; os opostos são idênticos em natureza, mas em grau diferente; extremos se tocam; todas as Verdades são meias Verdades; todos os paradoxos podem ser reconciliados." — O Caibalion

O Quarto Grande Princípio Hermético — o Princípio da Polaridade — incorpora a Verdade de que todas as coisas manifestadas têm "dois lados", "dois aspectos", "dois polos", um "par de opostos", com vários graus entre os dois extremos. Os velhos paradoxos, que já deixaram perplexa a mente dos homens, são explicados pela compreensão desse Princípio. O Homem também reconheceu algo semelhante a esse Princípio, e tentou expressá-lo por máximas e aforismos: "Tudo existe e não existe ao mesmo tempo"; "todas as Verdades são meias Verdades"; "todas as Verdades são meio falsas"; "há dois lados em tudo"; "todo verso tem seu reverso" etc.

Os Ensinamentos Herméticos postulam, com efeito, que a diferença entre as coisas que se parecem diametralmente opostas umas às outras é apenas uma questão de grau. Ensinam que "os pares de opostos podem ser reconciliados", e que a "reconciliação universal dos opostos" é efetuada pelo reconhecimento desse Princípio da Polaridade. Os instrutores afirmam que exemplos deste Princípio podem ser vistos em todas as mãos e por meio de um exame da natureza real das coisas. Eles começam mostrando que Espírito e Matéria são apenas os dois polos da mesma coisa, sendo os planos intermediários apenas graus de vibração. Eles mostram que o TODO e o Muito são os mesmos, sendo a diferença apenas uma questão de grau de Manifestação Mental. Assim, a LEI e as Leis são os dois polos opostos de uma coisa. Da mesma forma, o PRINCÍPIO e os Princípios, a Mente Infinita e a mente finita.

Em seguida, passando para o Plano Físico, eles ilustram o Princípio mostrando que Calor e Frio são idênticos em natureza, sendo as diferenças apenas uma questão de graus. O termômetro mostra muitos graus de temperatura, sendo o polo mais baixo chamado de "frio", e o mais elevado, de "calor". Entre esses dois polos há muitos graus de "calor" ou "frio", chame-os por qualquer um dos dois nomes e estará sempre correto. O maior dos dois graus é sempre "mais quente", enquanto o mais baixo é sempre "mais frio". Não há um padrão absoluto; tudo é uma questão de grau. Não há lugar no termômetro onde o calor cessa e o frio começa. É tudo uma questão de vibrações maiores ou menores. Os termos "alto" e "baixo", que somos obrigados a usar, são apenas polos da mesma coisa, os termos são relativos. Assim, com "Oriente e o Ocidente": viaje ao redor do mundo na direção ao Oriente e você chegará a um ponto que é chamado de Ocidente, com relação ao seu ponto de partida, e retornará daquele ponto para o Oriente. Viaje para o norte, e irá encontrar-se viajando para o sul, ou vice-versa.

Luz e Escuridão são polos da mesma coisa, com muitos graus entre elas. A escala musical é a mesma: vibrando do ponto "Dó", move-se para cima até encontrar outro "Dó", e assim por diante, as diferenças entre as duas extremidades da corda são as mesmas, com muitos graus entre os dois extremos. A escala de cor é a mesma: as mais elevadas e mais baixas vibrações são simplesmente diferenças entre o violeta superior e o vermelho inferior. Grande e Pequeno são relativos. Assim como Ruído e Silêncio; Duro e Flexível seguem a mesma regra. Tais são o Afiado e o Rombudo. Positivo e Negativo são dois polos da mesma coisa, com inúmeros graus entre eles.

Polaridade

O Bem e Mal não são absolutos; chamamos uma extremidade da escala de Bem e outra de Mal. Uma coisa é "menos boa" do que a coisa mais elevada na escala; mas essa coisa "menos boa", por sua vez, é "mais boa" do que a coisa logo abaixo, e assim por diante, o "mais ou menos" sendo regulado pela posição na escala.

E assim é no Plano Mental. "Amor e ódio" são geralmente considerados como sendo coisas diametralmente opostas uma à outra; totalmente diferentes, irreconciliáveis. Mas aplicamos o Princípio da Polaridade e supomos que não existe tal coisa como Amor Absoluto ou Ódio Absoluto, como distinto um do outro. Os dois são meramente termos aplicados aos dois polos da mesma coisa. A partir de qualquer ponto da escala encontramos "mais amor", ou "menos ódio", à medida que subimos a escala; e "mais ódio" ou "menos amor" à medida que descemos: isso sendo Verdade, não importa de que ponto, alto ou baixo, podemos observar. Há graus de Amor e Ódio, e há um ponto do meio onde "semelhante e dissemelhante" se tornam tão insignificantes que é difícil distingui-los. Coragem e Medo estão sob a mesma regra. Os Pares de Opostos existem em todos os lugares. Onde se encontra uma coisa, encontra-se também seu oposto: os dois polos.

E é esse fato que permite ao Hermetista transmutar um estado mental em outro, conforme as linhas da Polarização. Coisas pertencentes a classes diferentes não podem ser transmutadas umas nas outras, mas coisas da mesma classe podem ser transmutadas, ou seja, podem ter sua polaridade alterada. Assim, o Amor nunca pode ser leste ou oeste, ou Vermelho ou Violeta, mas pode e muitas vezes se transformar em Ódio e, da mesma forma, o Ódio pode ser transformado em Amor, através da mudança de sua polaridade. A coragem pode ser transmutada em Medo, e vice-versa. Coisas duras podem se tornar moles. Coisas agudas podem se tornar graves. Coisas quentes podem se tornar frias. E assim por diante, a transmutação sempre sendo entre coisas do mesmo tipo, mas de graus diferentes. Peguemos o caso de um homem medroso. Ao elevar suas vibrações mentais ao longo da linha de Medo e da Coragem, ele pode ser tomado pelo mais alto grau de Coragem e Destemor. E, da mesma forma, o homem preguiçoso pode se transformar em um indivíduo ativo e energético, simplesmente polarizando na direção da qualidade desejada.

O estudante que está familiarizado com os processos pelos quais as várias escolas de Ciências Mentais produzem mudanças nos estados mentais daqueles que seguem seus ensinamentos, pode não entender prontamente o princípio operante de muitas dessas mudanças. Quando, no entanto, o Princípio da Polaridade é compreendido e se percebe que as mudanças mentais são ocasionadas por uma mudança de polaridade, um deslizamento ao longo da mesma escala, a questão é facilmente compreendida. A mudança não está na natureza da transmutação de uma coisa em outra coisa totalmente diferente, mas é apenas uma mudança de grau nas mesmas coisas, uma diferença muito importante. Por exemplo, tomando uma analogia do Plano Físico, é impossível mudar o Calor em Agudez, Ruído, Altura etc., mas o Calor pode ser facilmente transmutado para Frio, simplesmente baixando as vibrações. Da mesma forma, o Ódio e o Amor são mutuamente transmutáveis; assim como Medo e Coragem. Mas o Medo não pode ser transformado em Amor, nem a Coragem pode ser transmutada em Ódio. Os estados mentais pertencem a inúmeras classes, cada classe tem seus polos opostos, entre os quais a transmutação é possível.

O estudante reconhecerá prontamente que nos estados mentais, bem como nos fenômenos do Plano Físico, os dois polos podem ser classificados como Positivo e Negativo, respectivamente. Assim, o Amor é positivo com relação ao Ódio; Coragem, ao Medo; Atividade, à Indolência etc. Será também notado que, mesmo para aqueles que não estão familiarizados com o Princípio da Vibração, o polo Positivo parece ser de um grau mais elevado do que o Negativo, e prontamente domina-o. A tendência da Natureza está na direção da atividade dominante do polo Positivo.

Além da mudança dos polos dos próprios estados mentais pelo emprego da arte da Polarização, os fenômenos da Influência Mental, em suas múltiplas fases, nos mostram que o Princípio pode ser estendido de modo a

Polaridade

abraçar os fenômenos da influência de uma mente sobre outra, tema sobre o qual muito tem sido escrito e ensinado nos últimos anos. Quando se entende que a Indução Mental é possível, ou seja, estados mentais podem ser produzidos por "indução" de outros, então podemos ver facilmente como um certo grau de vibração, ou polarização de um determinado estado mental pode ser comunicado a outra pessoa, e assim sua polaridade nessa classe de estados mentais muda. É através deste princípio que os resultados de muitos dos "tratamentos mentais" são obtidos. Por exemplo, uma pessoa é "azul", melancólica e cheia de medo. Um cientista mental que adestra sua própria mente até a vibração desejada, através de sua vontade treinada, obtém, assim, a polarização almejada e então produz um estado mental semelhante na outra pessoa por indução. O resultado é que as vibrações são elevadas e a pessoa polariza em direção ao lado Positivo da escala em vez do Negativo, e seu Medo e outras emoções negativas são transmutadas para Coragem e estados mentais positivos semelhantes. Um pequeno estudo mostrará que essas mudanças mentais estão quase todas em conformidade com a linha de Polarização, sendo a mudança de grau e não de espécie.

O conhecimento da existência deste grande Princípio Hermético permitirá ao estudante entender melhor seus próprios estados mentais e os de outras pessoas. Ele verá que esses estados são todos questão de grau e, vendo assim, será capaz de aumentar ou diminuir a vibração à vontade para mudar seus polos mentais, em vez de ser seu servo e escravo. E pelo seu conhecimento, ele será capaz de ajudar seus companheiros de forma inteligente, e através de métodos apropriados mudar a polaridade quando quiser. Aconselhamos todos os alunos a se familiarizarem com este Princípio da Polaridade, pois uma compreensão correta dele esclarecerá muitos assuntos difíceis.

Capítulo XI
Ritmo

"Tudo flui para fora e para dentro; tudo tem suas marés; todas as coisas sobem e caem; o balançar do pêndulo se manifesta em tudo; a medida do balanço para a direita é a medida do balanço para a esquerda; o ritmo é a compensação." — O Caibalion

O Quinto Grande Princípio Hermético — o Princípio do Ritmo — incorpora a Verdade de que em tudo se manifesta um movimento proporcional; um movimento de um lugar para outro, um fluxo e refluxo, um balanço para a frente e para trás, um movimento parecido com um pêndulo, uma maré alta e uma maré baixa, entre os dois polos que se manifestam nos planos físico, mental ou espiritual. O Princípio de Ritmo está intimamente ligado ao Princípio da Polaridade descrito no capítulo anterior. O Ritmo se manifesta entre os dois polos estabelecidos pelo Princípio da Polaridade. Isso não significa, no entanto, que o pêndulo do Ritmo vibra nos polos extremos, pois isso raramente acontece; na Verdade, é muito difícil estabelecer os extremos polares opostos. Mas a vibração é sempre "em direção", primeiro, a um polo, e, depois, ao outro.

Há sempre uma ação e reação; um avanço e um recuo; uma alta e uma baixa; manifestadas em todos os tons e fenômenos do Universo. Os sóis, mundos, homens, animais, plantas, minerais, Forças, Energia, Mente, Ma-

Ritmo

téria e até o Espírito manifestam este Princípio. O Princípio manifesta-se na criação e destruição de mundos; na ascensão e queda das nações; na vida histórica de todas as coisas; e, finalmente, nos estados mentais do homem.

A partir das manifestações do Espírito ou do TODO, será notado que sempre há a Efusão e a Infusão; ou a "Expiração e Inspiração de Brahma", como os Brâmanes dizem. Universos são criados; eles atingem o ponto mais baixo de materialidade e, em seguida, começam o movimento ascendente. Os sóis nascem e, sendo atingida a sua maior força, o processo de retrocesso começa, e depois de Eras eles se tornam massas inertes de matéria, esperando outro impulso que coloque novamente suas energias interiores em atividade para iniciar um novo ciclo de vida solar. E assim é com todos os mundos; eles nascem, crescem e morrem; só para renascer. E assim é com todas as coisas de figura e forma. Elas vibram de ação para reação, do nascimento para a morte, da atividade à inatividade, e depois tudo novamente. Assim é com todos os seres vivos. Eles nascem, crescem, morrem e depois renascem. Assim é com todos os grandes movimentos, filosofias, credos, costumes, governos, nações, e todas as outras coisas: nascimento, crescimento, maturidade, decadência, morte e, depois, renascimento. O balanço do pêndulo está sempre em evidência.

A noite segue o dia; e o dia, a noite. O pêndulo balança do verão ao inverno, e depois volta novamente. Os corpúsculos, átomos, moléculas, e todas as massas de matéria giram em torno do círculo de sua natureza. Não existe inércia absoluta, ou cessação do movimento, e todo o movimento participa do Ritmo. O princípio é de aplicação universal. Pode ser aplicado a qualquer pergunta, ou fenômenos de qualquer um dos muitos planos da vida. Pode ser aplicado a todas as fases da atividade humana. Há sempre uma vibração rítmica de um polo para outro. O Pêndulo Universal está sempre em movimento. As marés da vida fluem para dentro e para fora, de acordo com a Lei.

O Princípio do Ritmo é bem compreendido pela ciência moderna e é considerado uma lei universal aplicada às coisas materiais. Mas os Hermetistas levam o princípio muito além e sabem que suas manifestações e influência se estendem às atividades mentais do Homem e que é responsável pela desconcertante sucessão de humores, sentimentos, condições e outras mudanças irritantes que notamos em nós mesmos. Mas os Hermetistas, estudando as operações deste Princípio, aprenderam a escapar de algumas de suas atividades pela Transmutação.

Os Mestres Herméticos há muito descobriram que, enquanto o Princípio do Ritmo era invariável e sempre esteve em evidência em fenômenos mentais, ainda havia dois planos de sua manifestação no que diz respeito aos fenômenos mentais. Eles descobriram que havia dois planos gerais de Consciência, o Inferior e o Superior, entendimento que lhes permitiu subir para o plano superior e, assim, escapar da vibração do pêndulo rítmico que se manifesta no plano inferior. Em outras palavras, a vibração do pêndulo ocorre no Plano Inconsciente e a Consciência não é afetada. A isso eles chamam de Lei da Neutralização. Suas operações consistem na elevação do Ego acima das vibrações do Plano Inconsciente da atividade mental, de modo que o balanço negativo do pêndulo não se manifesta na consciência e, portanto, eles não são afetados. É semelhante ao subir acima de uma coisa e deixá-la passar abaixo. Os Mestres Herméticos, ou o estudante avançado, polariza-se no polo desejado, e por um processo semelhante a "recusa" de participar da vibração que desce, ou, se preferir, uma "negação" de sua influência sobre ele, mantém-se firme em sua posição polarizada e permite que o pêndulo mental vibre por trás do plano inconsciente. Todos os indivíduos que atingiram qualquer grau de autodomínio realizam isso mais ou menos inconscientemente e, ao se recusarem a permitir que seus humores e estados mentais negativos os afetem, aplicam a Lei da Neutralização. O Mestre, no entanto, leva isso a um grau muito maior de proficiência e pelo uso de sua Vontade atinge um grau de Equilíbrio e Firmeza Mental quase impossível de ser acreditado por parte daqueles que se permitem ser balançados para trás e para frente pelo pêndulo mental de humores e condições.

A importância disso será apreciada por qualquer indivíduo pensante que perceba que a maioria das pessoas são criaturas de humor, sensações, condições e quão pouco domínio de si mesmas elas manifestam.

Ritmo

Se pararmos e analisarmos por um momento, será possível observar o quanto essas oscilações do Ritmo o afetaram em sua vida, como um período de Entusiasmo foi invariavelmente seguido por uma sensação e condição oposta, como um humor deprimido. Da mesma forma, seus humores e períodos de Coragem foram sucedidos por humores iguais de Medo. E assim sempre foi com a maioria das pessoas: marés de sensações já apareceram e desapareceram nelas, mas nunca suspeitaram da causa ou razão dos fenômenos mentais. A compreensão do funcionamento deste Princípio dará uma das chaves para o domínio dessas oscilações rítmicas de emoções, e permitirá que o estudante se conheça melhor e evite ser levado por estes fluxos e refluxos. A Vontade é superior à manifestação consciente deste Princípio, embora o próprio Princípio nunca possa ser destruído. Podemos escapar de seus efeitos, no entanto, o Princípio sempre está operando. O pêndulo sempre balança, embora possamos escapar de sermos carregados com ele.

Há outras características do funcionamento deste Princípio do Ritmo do qual desejamos falar neste momento. Contribui em suas ações aquilo que é conhecido como Lei da Compensação. Uma das definições ou significados da palavra "compensar" é "contrabalançar" que é o sentido em que os Hermetistas usam o termo. É esta Lei da Compensação à qual o Caibalion se refere quando diz: "A medida do balanço para a direita, é a medida do balanço para a esquerda; o ritmo é a compensação".

A Lei da Compensação diz que o movimento em uma direção determina o movimento na direção oposta, ou para o polo oposto; um equilibra ou contrabalanceia o outro. No Plano Físico vemos muitos exemplos desta Lei. O pêndulo do relógio balança uma certa distância para a direita e, então, uma distância igual à esquerda. As estações se equilibram da mesma forma. As marés seguem a mesma Lei. E a mesma Lei se manifesta em todos os fenômenos do Ritmo. O pêndulo brevemente balança em uma direção e com a mesma brevidade balança para a outra; um longo balanço para a direita, invariavelmente significa um longo balanço para a esquerda. Um objeto arremessado para cima a uma certa altura tem uma distância igual para percorrer em seu retorno. A força com que um projétil é enviado a uma milha para cima é reproduzida quando o projétil retorna à Terra. Esta Lei é constante no Plano Físico, como uma referência às autoridades deste tema mostrarão.

Mas os Hermetistas levam isso ainda mais longe. Eles ensinam que os estados mentais de um homem estão sujeitos à mesma Lei. O homem que goza profundamente está sujeito a sofrimento profundo; enquanto aquele que sente pouca dor só é capaz de sentir pouca alegria. O porco sofre, mas pouco mentalmente, e assim também goza pouco: é compensado. E, por outro lado, há outros animais que gozam demasiadamente, mas cujo organismo nervoso e temperamento os fazem sofrer graus requintados de dor; e assim é com o homem. Há temperamentos que permitem graus de gozo mais baixos e igualmente baixos graus de sofrimento; enquanto há outros que permitem o gozo mais intenso, mas também o sofrimento mais intenso. A regra é que a capacidade de dor e prazer, em cada indivíduo, é equilibrada. A Lei da Compensação está em constante funcionamento.

Contudo, os Hermetistas vão ainda mais longe nesse assunto. Eles ensinam que antes que alguém seja capaz de desfrutar de um certo grau de prazer, ele deve ter movido, proporcionalmente, em direção ao outro polo de sensação. Dizem, no entanto, que o Negativo é precedente ao Positivo, ou seja, ao experimentar um certo grau de prazer, não se segue que ele terá que "pagar por isso" com um grau correspondente de dor, pelo contrário, o prazer é o movimento rítmico, de acordo com a Lei da Compensação, de um grau de sofrimento previamente experimentado na vida atual, ou em uma encarnação prévia. Isso traz uma nova perspectiva sobre o Problema do sofrimento.

Os Hermetistas consideram a cadeia de vidas como contínua e como formando parte da existência do indivíduo, de modo que, em consequência, o movimento rítmico seja compreendido dessa forma, o que não faria sentido, a menos que a Verdade da reencarnação seja admitida.

Ritmo

Mas os Hermetistas afirmam que o Mestre ou estudante avançado está habilitado, em certo grau, a escapar do balanço em direção ao Sofrimento, pelo processo de Neutralização antes mencionado. Elevando-se para o plano superior do Ego, grande parte das experiências que acontecem aos que habitam o plano inferior é evitada.

A Lei da Compensação desempenha um papel importante na vida de homens e mulheres. Sabe-se que geralmente se "paga o preço" de qualquer coisa que se possui, ou de que se carece. Se um indivíduo tem uma coisa, ele carece de outra: o equilíbrio é atingido. Ninguém pode "guardar o seu dinheiro e ter a migalha de pão" ao mesmo tempo. Tudo tem seus lados agradáveis e desagradáveis. As coisas que se ganham são sempre pagas pelas coisas que se perdem. Os ricos possuem muito do que os pobres não têm, enquanto os pobres muitas vezes possuem coisas que estão além do alcance dos ricos. O milionário pode ter inclinação para banquetes e possuir a riqueza para garantir todas as delícias e luxos da mesa, mas carece de apetite para desfrutar deles; ele inveja o apetite e a digestão do trabalhador que não tem a riqueza e as inclinações do milionário e que tem mais prazer com sua comida simples do que o milionário poderia obter, se seu apetite não estivesse cansado, nem sua digestão arruinada, pois as necessidades, hábitos e inclinações diferem. E assim é na vida. A Lei da Compensação está sempre em ação, esforçando-se para equilibrar e contrabalancear, sempre sendo pontual, embora várias vidas possam ser necessárias para que o movimento de retorno do Pêndulo do Ritmo ocorra.

Capítulo XII
Causalidade

"Toda Causa tem seu Efeito; todo Efeito tem sua Causa; todas as coisas acontecem de acordo com a Lei; o Acaso é simplesmente um nome dado para uma Lei não reconhecida; existem muitos planos de causalidade, mas nada escapa à Lei." — O Caibalion

O Sexto Grande Princípio Hermético — o Princípio da Causa e do Efeito — incorpora a Verdade de que a Lei permeia o Universo; que nada acontece por Acaso e que este é apenas um termo que indica a causa existente, mas não reconhecida ou percebida; que fenômenos são contínuos, sem interrupção ou exceção.

O Princípio da Causa e do Efeito está por trás de todo o pensamento científico, antigo e moderno, e foi enunciado pelos Professores Herméticos nos dias primordiais. Embora variadas disputas entre as muitas escolas de pensamento tenham surgido desde então, essas disputas têm sido principalmente sobre os detalhes das operações do Princípio e, com ainda mais frequência, sobre o significado de certas palavras. O Princípio subjacente da Causa e do Efeito foi aceito como exato por praticamente todos os pensadores dignos deste nome do mundo. Pensar o contrário seria subtrair os fenômenos do universo do domínio da Lei e da Ordem e proscrevê-los

Causalidade

para o controle do algo imaginário que os homens têm chamado de "Acaso".

Uma pequena consideração mostrará a qualquer um que não existe, na realidade, o puro Acaso. Webster define a palavra "Acaso" da seguinte forma: "Um suposto agente ou modo de atividade diferente da força, lei ou propósito; a operação ou atividade de tal agente; o suposto efeito de tal agente; um acontecimento fortuito, uma causalidade etc." Porém, uma simples análise mostrará que não pode haver um tal agente como o "Acaso" no sentido de algo fora da Lei, algo fora da Causa e do Efeito. Como poderia haver algo agindo no universo fenomenal independente das Leis, Ordem e continuidade deste último? Tal coisa seria totalmente independente do movimento ordenado do Universo e, portanto, superior a ele. Não podemos imaginar nada fora do TODO que esteja fora da Lei, e isso só porque o TODO é a LEI em si. Não há espaço no Universo para algo fora e independente da Lei. A existência de tal Coisa tornaria todas as Leis Naturais ineficazes e mergulharia o Universo em desordem e ilegalidade caótica.

Uma análise cuidadosa mostrará que o que chamamos de "Acaso" é apenas uma expressão relacionada a causas obscuras, causas que não podemos perceber, causas que não podemos compreender. A palavra Acaso é derivada de uma palavra: "cair" (como a queda de dados, em um jogo de dado), dando a ideia de que a queda dos dados após um lance (e muitas outras ocorrências) são apenas um "acontecimento" não relacionado a qualquer causa. E este é o sentido em que o termo é geralmente empregado. Mas quando o assunto é examinado de perto, vê-se que não há qualquer chance sobre a queda dos dados. Cada vez que um dado cai e exibe um certo número, ele obedece a uma lei tão infalível quanto aquela que governa a revolução dos planetas ao redor do Sol. Por trás da queda do dado estão as causas, ou cadeias de causas, movendo-se para além de onde a mente pode alcançar. A posição do dado na caixa, a quantidade de energia muscular colocada no lançamento, a condição do tabuleiro etc., todas são causas, cujo efeito pode ser visto. Mas atrás dessas causas vistas há cadeias de causas cujos precedentes são invisíveis, as quais tinham influência sobre a predominância de números dos dados.

Se um dado for lançado muitas vezes, será constatado que os números mostrados serão quase iguais, ou seja, haverá um número igual de um ponto, dois pontos etc., que serão predominantes. Se jogarmos um centavo no ar, ele pode cair como "cara" ou "coroa", mas se fizermos um número suficiente de lançamentos, as caras e coroas ficarão quase que de igual para a igual. Este é o funcionamento da lei proporcional. Mas apesar da proporção e dos simples arremessos estarem sob a Lei da Causa e Efeito, se pudéssemos examinar as causas precedentes, seria evidente que era simplesmente impossível para o dado cair de outro modo, sob as mesmas circunstâncias e no mesmo tempo. Dadas as mesmas causas, os mesmos resultados seguirão. Há sempre uma "causa" e um "porquê" para cada evento. Nada "acontece" sem uma causa, ou melhor, uma cadeia de causas.

Alguma confusão surgiu na mente das pessoas que consideram este Princípio, a partir do fato de que elas não foram capazes de explicar como uma coisa poderia causar outra coisa, ou seja, ser a "criadora" da segunda coisa. Na Verdade, nenhuma "coisa" causa ou "cria" outra "coisa". A Causa e Efeito lida apenas com "eventualidades". Uma "eventualidade" é "aquilo que vem, chega ou acontece como resultado ou consequência de diversos eventos precedentes". Nenhum evento "cria" outro evento, mas é apenas um elo precedente na grande cadeia ordenada de eventos que flui da energia criativa do TODO. Há uma continuidade entre todos os eventos precedentes, consequentes e subsequentes. Existe uma relação entre tudo o que já passou antes, e tudo o que se segue. Uma pedra é desalojada de um lado da montanha e cai no telhado de uma casa de campo no vale abaixo. À primeira vista, consideramos isso um efeito casual, mas quando o examinamos, encontramos uma grande cadeia de causas. Em primeiro lugar, houve a chuva que amoleceu a terra que sustentava a pedra e que permitiu que ela caísse; então, por trás disso, houve a influência do Sol, outras chuvas etc., que gradualmente desintegraram o pedaço de rocha de uma peça maior; então houve as causas que levaram à formação da montanha, seu afloramento por convulsões da natureza e assim por diante infinitamente.

Causalidade

Então podemos acompanhar as causas por trás da chuva etc. Poderíamos considerar a existência do telhado. Enfim, logo nos envolveríamos em uma rede de causa e efeito, da qual não poderíamos escapar.

Da mesma forma que um homem tem dois pais, quatro avós, oito bisavós, dezesseis tataravós e assim por diante até, digamos, quarenta gerações, calcula-se que o número de ancestrais esbarra em muitos milhões, assim é com o número de causas por trás do mais insignificante evento ou fenômeno, como a passagem de uma pequena mancha de fuligem diante de seu olho. Não é agradável rastrear o pedaço de fuligem desde o início da história do mundo, desde quando ele formava uma parte de um enorme tronco de árvore, que foi depois convertido em carvão e assim por diante, até o grão de fuligem que agora passa diante de sua visão em seu caminho para outras aventuras. E uma grande cadeia de eventos, causas e efeitos trouxe-o à sua condição presente, e a última é apenas um dos eventos que irão produzir outros eventos centenas de anos a partir de agora. Uma das séries de eventos decorrentes da pequena fuligem foi a escrita dessas linhas, o que fez com que o tipógrafo-mestre realizasse determinado trabalho, o revisor, o mesmo, e que despertará certos pensamentos em sua mente e na de outros que, por sua vez, afetarão outros e assim por diante, conforme a capacidade do Homem de raciocinar: e tudo isso a partir da passagem de um pedacinho de fuligem, o que mostra a relatividade e a associação das coisas e o fato de que "não há coisa grande; não há coisa pequena, na mente que tudo causa."

Pare para pensar um momento. Se um certo homem não tivesse encontrado uma certa mulher, no longínquo período da Idade da Pedra, você que agora está lendo essas linhas não estaria aqui. E, talvez, se o mesmo casal não tivesse conseguido se encontrar, nós que agora escrevemos essas linhas não estaríamos aqui. E o próprio ato de escrever, de nossa parte, e o ato de ler, da sua, afetará não só a sua vida, mas a nossa e, também, terá um efeito direto, ou indireto, sobre muitas outras pessoas que vivem e que viverão em épocas futuras. Cada pensamento que pensamos, cada ato que realizamos, tem seus resultados diretos e indiretos que se adaptam à grande cadeia de Causa e Efeito.

O Caibalion

Não queremos entrar em consideração com relação ao Livre-Arbítrio, ou Determinismo, nesta obra, por várias razões. Entre os diversos motivos este é o principal: que nenhum dos lados da controvérsia é inteiramente verdadeiro, que ambos os lados estão parcialmente certos, de acordo com os Ensinamentos Herméticos. O Princípio da Polaridade mostra que ambos são apenas Meias Verdades: os polos opostos da Verdade. Os Preceitos são de que um homem pode ser livre e ainda assim limitado pela Necessidade, dependendo do significado dos termos e da altura da Verdade a partir da qual o assunto é examinado. Os antigos escritores expressam o assunto dessa forma: "A criação que está mais distante do Centro é mais limitada; quanto mais próximo do Centro, mais Livre é."

A maioria das pessoas é mais ou menos escrava da hereditariedade, do meio ambiente etc., e manifesta muito pouca liberdade. Tais pessoas são guiadas pelas opiniões, costumes e pensamentos do mundo exterior, bem como por suas emoções, sensações, condições etc. Elas não manifestam domínio algum, digno do nome. Repudiam indignadamente essa afirmação, dizendo: "Certamente sou livre para agir e fazer o que eu quiser; faço exatamente o que quero fazer", mas deveriam explicar melhor de onde surgem o "quero" e "como eu quero". O que as faz "querer" fazer uma coisa em preferência a outra; o que as faz ter "prazer" em fazer isso e não fazer aquilo? Não há um "porquê" para o seu "desejo" e "prazer"? O Mestre pode mudar esses "prazeres" e "desejos" em outros, na extremidade oposta do polo mental. Ele é capaz de "Querer por querer", em vez de querer por causa das condições, emoções, sensações ou sugestões do meio, sem tendência ou desejo.

A maioria das pessoas é levada como a pedra que cai, obediente ao meio, às influências externas e condições e desejos internos etc., não falando dos desejos e das vontades de outros mais fortes que elas, da hereditariedade, da sugestão, que as levam sem resistência de sua parte, ou o exercício da Vontade. Como os peões no tabuleiro da vida, desempenham suas partes e são deixados de lado após o fim do jogo. Mas os Mestres, conhecendo as regras do jogo, sobem acima do plano da vida material, e colocam-se em contato

Causalidade

com os mais superiores poderes da sua natureza, dominando suas próprias condições, os caracteres, as qualidades e a polaridade, bem como o ambiente ao seu redor e, assim, tornam-se Motores no jogo, em vez de Peões: Causas em vez de Efeitos. Os Mestres não escapam da causalidade dos planos mais altos, mas colocam-se de acordo com as leis superiores e, portanto, dominam as circunstâncias no plano inferior. Formam, assim, uma parte consciente da Lei, em vez de serem meros instrumentos cegos. Enquanto servem nos Planos Superiores, governam no Plano Material.

Mas, tanto nos Planos Superiores quanto nos Inferiores, a Lei está sempre em funcionamento. Não existe Acaso. As deusas cegas foram abolidas pela Razão. Somos capazes de ver, agora, com olhos esclarecidos pelo conhecimento de que tudo é regido pela Lei Universal, e que o número infinito de leis é apenas manifestações da Lei Única, a LEI que é o TODO. É Verdade que nem um pardal cai despercebido pela Mente do TODO, assim como os cabelos em nossa cabeça são contados, como as escrituras afirmam. Nada há nada fora da Lei; nada do que acontece é contrário a ela. E, ainda assim, não cometa o erro de supor que o Homem é apenas um autômato cego. Os Preceitos Herméticos ensinam que o Homem pode usar a Lei para superar as leis, e que a vontade superior sempre prevalecerá contra a inferior, até que finalmente procure refúgio na própria LEI e ria com desprezo das leis inferiores. Você é capaz de entender o íntimo significado disso?

Capítulo XIII
Gênero

"O Gênero está em tudo; tudo tem seus Princípios Masculino e Feminino; o Gênero se manifesta em todos os planos." — O Caibalion

O Sétimo Grande Princípio Hermético — o Princípio do Gênero — incorpora a Verdade de que existe o Gênero manifestado em tudo, que os princípios Masculino e Feminino estão sempre presentes e ativos em todas as fases dos fenômenos, em cada plano da vida. Nesse ponto, consideramos que é bom chamar sua atenção para o fato de que Gênero, em seu sentido hermético, e Sexo, no uso ordinariamente aceito do termo, não são a mesma coisa.

A palavra "Gênero" é derivada da raiz latina que significa "gerar; procriar; produzir". Uma consideração momentânea mostrará que a palavra tem um significado muito mais amplo e geral do que o termo "Sexo", que se refere às distinções físicas entre os seres vivos masculino e feminino. O sexo é apenas uma manifestação do Gênero em um certo plano do Grande Plano Físico: o plano da vida orgânica. Desejamos fixar essa distinção em suas mentes, porque certos escritores, que adquiriram uma visão superficial da Filosofia Hermética, procuraram identificar este Sétimo Princípio Hermético com teorias e ensinamentos selvagens e fantasiosos – muitas vezes repreensíveis – a respeito do Sexo.

Gênero

A função do Gênero é apenas a de criar, produzir, gerar etc., e suas manifestações são visíveis em todos os planos de fenômenos. É um pouco difícil produzir provas disso por meio das linhas científicas, razão pela qual a ciência ainda não reconheceu esse Princípio como de aplicação universal. Mas, ainda assim, algumas provas estão por vir de fontes científicas. Em primeiro lugar, encontramos uma manifestação distinta do Princípio do Gênero entre os corpúsculos, íons ou elétrons, que constituem a base da Matéria como a ciência conhece, e que por certas combinações formam o átomo, que até recentemente era considerado como final e indivisível.

A última palavra da ciência é que o átomo é composto de uma multidão de corpúsculos, elétrons ou íons (os vários nomes que estão sendo aplicados por diferentes autoridades) girando em torno uns dos outros e vibrando em alto grau de intensidade. Mas as afirmações que seguem mostram que a formação do átomo é realmente devido ao agrupamento de corpúsculos negativos em torno de um positivo. Os corpúsculos positivos parecem exercer certa influência sobre os corpúsculos negativos, fazendo com que este último assuma certas combinações e, portanto, "crie" ou "gere" um átomo. Isso está em consonância com os mais antigos Ensinamentos Herméticos, que sempre identificaram o princípio masculino do gênero com o "Positivo", e o Feminino com os Polos "Negativos" da eletricidade (assim chamados).

Agora, uma palavra neste momento sobre essa identificação. A mente pública formou uma ideia totalmente errônea em relação às qualidades do chamado polo "Negativo" da Matéria eletrizada ou magnetizada. Os termos Positivo e Negativo são muito mal aplicados a esse fenômeno pela ciência. A palavra Positivo significa tudo que é real e forte, em comparação com a Negativa, irreal e fraca. Nada é ulterior aos fatos do fenômeno elétrico. O chamado polo negativo da bateria é realmente o polo no qual e pelo qual se manifesta a geração ou produção de novas formas de energia. Não há nada de "negativo" nisso. As maiores autoridades científicas agora usam a palavra "Catódico" no lugar de "Negativo". A palavra Catódico, que vem da raiz grega, significa "descida; o caminho da geração etc.," Do polo Catódico emergem o enxame de elétrons ou corpúsculos; do mesmo polo emergem esses maravilhosos "raios" que revolucionaram as concepções científicas durante a última década. O polo catódico é a mãe de todos os fenômenos estranhos que tornaram inúteis os velhos livros didáticos, e que fizeram com que muitas teorias admitidas fossem proscritas do programa de especulação científica. O Cátodo, ou Polo Negativo, que é o Princípio Mãe dos Fenômenos Elétricos e das formas de matéria mais sutis, já é conhecido pela ciência. Assim, é possível ver que temos razão em recusar usar o termo "Negativo" em nossa consideração sobre o assunto e em insistir em substituir este antigo termo pela palavra "Feminino". Os fatos da condição nos levam a isso, sem mesmo levar em consideração os Ensinamentos Herméticos. E assim usaremos a palavra "Feminino" no lugar de "Negativo" para falar desse polo de atividade.

Os ensinamentos científicos mais recentes são que os corpúsculos criativos ou elétrons são Femininos (a ciência diz que "eles são compostos de eletricidade negativa", então dizemos que são compostos de energia feminina). Um corpúsculo feminino se desprende, ou melhor, deixa um corpúsculo masculino, e começa a mover-se em uma nova direção. Ele busca ativamente uma união com um corpúsculo Masculino, sendo incitado pelo impulso natural de criar novas formas de Matéria ou Energia. Um escritor chega a ponto de usar a frase "ela, um dado tempo, procura, por vontade própria, uma união" etc.

Este destacamento e união formam a base da maior parte das atividades do mundo químico. Quando o corpúsculo Feminino se une a um corpúsculo Masculino, um certo processo é iniciado. As partículas femininas vibram rapidamente sob a influência da energia masculina, e circulam rapidamente ao redor desta última. O resultado é o nascimento de um novo átomo. Este novo átomo é realmente composto de uma união dos elétrons ou corpúsculos masculinos e femininos, mas, quando a união é estabelecida, o átomo torna-se uma coisa separada, tendo certas propriedades, mas não manifestando muito a propriedade da eletricidade independente. O processo de destacamento ou separação dos elétrons femininos é chamado de "ionização". Esses elétrons, ou corpúsculos, são os trabalhadores mais ativos no campo da Natureza. Decorrentes de suas uniões, ou combinações, se manifestam nos variados fenômenos de luz, calor, eletricidade, magnetismo, atração, repulsão, afinidade eletiva, atração e repulsa, e fenômenos semelhantes. E tudo isso surge da operação do Princípio do Gênero no plano da Energia.

A parte do princípio Masculino parece ser a de direcionar uma certa energia inerente ao princípio feminino e assim iniciar a atividade criativa. Mas o princípio feminino é aquele que sempre realiza ativamente obra criadora e assim é em todos os planos. E, no entanto, cada princípio é incapaz de criar sem a energia do outro. Em algumas formas de vida, os dois princípios são combinados em um só organismo. Nesse sentido, tudo no mundo orgânico manifesta os dois gêneros: há sempre o Masculino presente na forma Feminina e o Feminino na forma Masculina.

Os Ensinamentos Herméticos incluem muito sobre o funcionamento dos dois princípios do Gênero na produção e manifestação de várias formas de energia etc., mas não consideramos conveniente entrar em detalhes a respeito disso neste momento, porque não podemos sustentá-los com provas científicas, porque a ciência ainda não progrediu nesse sentido. Mas o exemplo que lhe demos dos fenômenos dos elétrons ou corpúsculos mostrará que a ciência está no caminho certo e lhe dará uma ideia geral dos princípios ocultos.

Alguns dos principais pesquisadores científicos anunciaram sua crença de que na formação de cristais havia algo que correspondia à "atividade sexual", que é outra banalidade mostrando a direção que os ventos científicos estão soprando. E cada ano trará outros fatos para corroborar com a exatidão do Princípio Hermético do Gênero. Constatar-se-á que o Gênero está em constante operação e manifestação no campo da matéria inorgânica e no campo da Energia ou Força. A eletricidade é agora geralmente considerada como o "Alguma coisa" na qual todas as outras formas de energia parecem se dissolver. A "Teoria Elétrica do Universo" é a mais recente doutrina científica e está aumentando rapidamente em popularidade e aceitação geral. E assim segue-se que, se somos capazes de descobrir nos fenômenos da eletricidade — levados ao seu princípio e fonte de manifestações — uma evidência clara e inconfundível da presença do Gênero e das suas atividades, estaremos justificados em fazer você crer que a ciência finalmente ofereceu provas da existência em todos os fenômenos universais desse grande Princípio Hermético: o Princípio do Gênero.

Não é necessário tomar seu tempo com os fenômenos conhecidos da "atração e repulsa" dos átomos, afinidade eletiva, os "amores e ódios" das partículas atômicas, a atração ou coesão entre as moléculas da matéria. Esses fatos são muito conhecidos para precisar de extensos comentários. Mas você já considerou que todas essas coisas são manifestações do Princípio de Gênero? É possível ver que estes fenômenos andam "a par" com o dos corpúsculos ou elétrons? E mais do que isso, é possível perceber a razoabilidade dos Ensinamentos Herméticos que afirmam que a própria Lei da Gravitação — aquela estranha atração em razão da qual todas as partículas e corpos de matéria no universo tendem uns aos outros, é apenas outra manifestação do Princípio do Gênero, que opera na direção de atrair o Masculino para as energias Femininas e vice-versa? Não podemos oferecer-lhe provas científicas neste momento, mas examinemos os fenômenos à luz dos Ensinamentos Herméticos sobre o assunto e veremos que não haverá uma hipótese melhor do que qualquer outra oferecida pela ciência física. Submeta todos os fenômenos físicos ao teste, e será possível ver o Princípio do Gênero se evidenciar.

Vamos agora passar para a consideração da operação do Princípio no Plano Mental. Muitas características interessantes aguardam exame.

Capítulo XIV
Gênero Mental

Os estudantes de Psicologia que seguiram a tendência moderna do pensamento ao longo das linhas dos fenômenos mentais foram surpreendidos pela persistência da dupla ideia mental que se manifestou tão fortemente nos últimos dez ou quinze anos e que deu origem a uma série de teorias plausíveis sobre a natureza e a constituição dessas "duas mentes". O falecido Thomson J. Hudson alcançou grande popularidade em 1893 ao divulgar sua conhecida teoria das "mentes objetiva e subjetiva" que ele afirmou existir em cada indivíduo. Outros escritores têm atraído quase igual atenção pelas teorias relativas às "mentes consciente e subconsciente", "mentes voluntária e involuntária", "mentes ativa e passiva" etc. As teorias dos vários escritores diferem umas das outras, mas permanece o princípio subjacente da "dualidade da mente".

O aluno da Filosofia Hermética é levado a sorrir quando lê e ouve essas muitas "novas teorias" sobre a dualidade da mente, cada escola aderindo tenazmente às suas próprias teorias preferidas e cada uma afirmando ter "descoberto a Verdade". O estudante volta às páginas da História Oculta e nos primeiros elementos dos preceitos ocultos encontra referências à antiga doutrina hermética do Princípio do Gênero no Plano Mental: a manifestação do Gênero Mental. Examinando ainda mais, ele descobre que a Filosofia antiga tomou conhecimento do fenômeno da "mente dual" e deu conta deste fenômeno pela teoria do Gênero Mental. Essa ideia de Gênero Mental pode ser explicada em poucas palavras aos estudantes que estão familiarizados com as teorias modernas há pouco mencionadas. O Princípio Masculino da Mente corresponde à chamada Mente Objetiva, Mente Consciente, Mente Voluntária, Mente Ativa etc. E o Princípio Feminino da Mente corresponde à chamada Mente Subjetiva, Mente Subconsciente, Mente Involuntária, Mente Passiva etc. É claro que os Ensinamentos Herméticos não concordam com as muitas teorias modernas sobre a natureza das duas fases da mente, nem admitem muitos dos fatos reivindicados para os dois respectivos aspectos, já que algumas das referidas teorias e afirmações são muito rebuscadas e incapazes de enfrentar o teste de experimento e demonstração. Apontamos para as fases de concordância apenas com o propósito de ajudar o aluno a assimilar seu conhecimento adquirido anteriormente com os ensinamentos da Filosofia Hermética. Os alunos de Hudson notarão a afirmação no início do segundo capítulo de "A Lei dos Fenômenos Psíquicos" que: "A mística algaravia da Filosofia Hermética desenvolve a mesma ideia", ou seja, a dualidade da mente.

Se o Dr. Hudson tivesse tido tempo para decifrar um pouco da "mística algaravia da Filosofia Hermética", ele teria obtido grande esclarecimento sobre o tema da "mente dual"; porém, naquele tempo, sua obra mais interessante poderia não ter sido escrita. Consideremos agora os Ensinamentos Herméticos sobre Gênero Mental.

Os Professores Herméticos dão suas instruções sobre este assunto oferecendo aos seus alunos o exercício de examinarem a relação de sua consciência sobre seu Self[2]. Os alunos aprendem a voltar sua atenção para o Self que habita dentro de cada um de nós. Cada aluno é levado a ver que sua consciência lhe dá primeiro um relato da existência de seu Self: a relação é "Eu Sou". A princípio, estas parecem ser as palavras finais da consciência, mas um pouco mais de análise revela o fato de que este "Eu Sou" pode ser separado ou dividido em duas partes distintas, ou aspectos,

---

[2] Para maior clareza, mantivemos o termo original. (N. da T.)

que, enquanto trabalham em uníssono e em conjunto, no entanto, podem ser separados na consciência.

Embora no início pareça existir apenas um "Eu", um exame mais cuidadoso e mais aprofundado revela o fato de que existe um "Eu" e um "Ego". Esses gêmeos mentais diferem em suas características e natureza, e um exame de sua natureza e dos fenômenos decorrentes dela lançará luz sobre muitos dos problemas da influência mental.

Vamos começar com uma consideração sobre o Ego, que geralmente é confundido com o Eu pelo estudante, até que ele investigue um pouco mais em sua consciência. Um homem pensa em seu Self (em seu aspecto como Ego) como composto por certos hábitos, características, modos, estados etc., todos os quais vão compor sua personalidade, ou o "Self" conhecido por si mesmo e pelos outros. Ele sabe que essas emoções e sentimentos mudam, nascem e morrem, estão sujeitos ao Princípio do Ritmo e ao Princípio da Polaridade, que o leva de um extremo de sentimento para outro. Ele também pensa no "Ego" como sendo certos conhecimentos reunidos em sua mente, e assim fazendo parte de si mesmo. Este é o "Ego" de um homem.

Porém, nós prosseguimos muito apressadamente. O "Ego" de muitos homens pode ser dito como constituído em grande parte de sua consciência do corpo e seus apetites físicos etc. Sua consciência sendo em grande parte ligada à sua natureza corporal, eles praticamente "vivem lá". Alguns homens até consideram seu vestuário pessoal como parte de seu "Ego" e atualmente parecem considerá-lo uma parte de si mesmos. Um escritor disse com humor que "os homens consistem de três partes: alma, corpo e roupas".

Essas pessoas ou "roupas conscientes" perderiam sua personalidade se despidas de suas roupas, por selvagens, na ocasião de um naufrágio. Mas mesmo muitos que não estão tão intimamente ligados à ideia de vestuário pessoal afirmam que a consciência de seus corpos é o seu "Ego". Eles não podem conceber a ideia de um Self independente do corpo. Sua mente parece ser praticamente "algo pertencente" ao corpo: o que é sempre o contrário.

Mas à medida que o homem sobe na escala da consciência, ele se torna capaz de distinguir o seu "Ego" de sua ideia do corpo e é capaz de pensar em seu corpo como "pertencente" à sua parte mental. Só então estará apto a identificar o "Ego" inteiramente com os estados mentais, emoções etc., que ele sente existir dentro de si. E é muito capaz de considerar esses estados internos como idênticos a si mesmo, em vez de serem simplesmente "coisas" produzidas por alguma parte de sua mentalidade e existentes dentro dele e nele, mas ainda não "ele mesmo". Compreende que pode mudar esses estados mentais emocionais através do esforço da vontade e que pode produzir, da mesma forma, um sentimento ou estado de natureza exatamente oposta, e ainda assim o mesmo "Ego" existe. Assim, depois de um tempo, ele é capaz de deixar de lado esses vários estados mentais, emoções, sentimentos, hábitos, qualidades, características e outras faculdades mentais: ele é capaz de colocá-los de lado no conjunto "não-eu" de curiosidades e estorvos, bem como bens valiosos. Isso requer muita concentração mental e poder de análise mental por parte do estudante. Mas ainda assim a tarefa é possível para o estudante avançado, e mesmo os não tão avançados são capazes de ver, na imaginação, como o processo pode ser realizado.

Após esse processo de "pôr de lado" ser executado, o aluno se verá em posse consciente de um "Self" que pode ser considerado em seus dois aspectos: "Eu" e "Ego". O "Ego" será sentido como algo mental no qual pensamentos, ideias, emoções, sensações e outros estados mentais podem ser produzidos. Pode ser considerado como uma "matriz mental", como os antigos o denominaram, capaz de egerar descendentes mentais. Manifesta-se à consciência como um "Ego Feminino" com poderes latentes de criação e geração de descendência mental das progênies mentais de todas as espécies e reinos. Seus poderes de energia criativa são considerados enormes. Contudo, parece ser consciente de que deve receber alguma forma de energia de seu companheiro "Eu", ou então de algum outro "Eu", para ser capaz de trazer para a existência suas criações mentais. Essa consciência traz consigo a realização de uma enorme capacidade de trabalho mental e capacidade criativa.

Mas o estudante logo descobre que isso não é tudo o que ele encontra dentro de sua consciência interior. Ele percebe que existe uma Algo mental que é capaz de desejar que o "Ego Feminino" aja conforme certas linhas criativas e que também é capaz de colocar-se de lado e testemunhar a criação mental. Esta parte de si mesmo chama-se "Eu". Ele é capaz de permanecer em sua própria consciência à vontade. Não há consciência de uma capacidade de gerar e criar ativamente, no sentido do processo gradual de acompanhamento às operações mentais, mas sim no sentimento e consciência da capacidade de projetar uma energia do "Ego Masculino (Eu)" para o "Ego Feminino" — um processo de "desejo" que a criação mental comece e prossiga. Compreende também que o "Ego Masculino" é capaz de sustentar e abrigar as operações da criação e geração mental do "Ego Feminino". Há esse duplo aspecto na mente de cada pessoa.

O "Eu" representa o Princípio Masculino do Gênero Mental e o "Ego" representa o Princípio Feminino. O "Eu" representa o aspecto de Ser; o "Ego" o aspecto de Vir a Ser. É possível notar que o Princípio da Correspondência opera neste plano, assim como faz sobre o grande plano sobre o qual a criação de Universos é realizada. Os dois são semelhantes em espécie, embora muito diferentes em grau. "Assim como é acima, é abaixo; como é abaixo, é acima."

Esses aspectos da mente, os Princípios Masculino e Feminino — o "Eu" e o "Ego" — considerados em conexão com os conhecidos fenômenos mentais e físicos, conferem a Chave-Mestra a essas regiões pouco conhecidas da operação e manifestação mental. O princípio do Gênero Mental nos mostra a Verdade subjacente ao campo total dos fenômenos de influência mental etc.

A tendência do Princípio Feminino está sempre na direção de receber impressões, enquanto a tendência do Princípio Masculino está sempre na direção de dá-las ou exprimi-las. O Princípio Feminino tem um campo de atuação muito mais variado do que o Princípio Masculino. O Princípio Feminino conduz a atividade de gerar novos pensamentos, conceitos, ideias, incluindo a tarefa da imaginação. O próprio Princípio Masculino se contenta com o trabalho da "Vontade" em suas variadas fases. No entanto, sem o auxílio ativo da

Vontade do Princípio Masculino, o Princípio Feminino é capaz de se contentar com a geração de imagens mentais que são resultado de imagens recebidas do meio externo, em vez de produzir criações mentais originais.

Pessoas que prestam uma contínua atenção a um assunto ativamente empregam ambos os Princípios Mentais: o Feminino no trabalho da geração mental e a Vontade Masculina em estimular e energizar a parte criativa da mente. A maioria das pessoas realmente emprega o Princípio Masculino, mas pouco, e se contentam em viver de acordo com os pensamentos e ideias insinuadas no "Ego" pelo "Eu" das outras mentes. Mas não é nosso propósito pensar nessa fase do assunto, que pode ser estudada a partir de qualquer bom livro sobre Psicologia com a chave que lhe demos em relação ao Gênero Mental.

O estudante de Fenômenos Psíquicos está ciente dos maravilhosos fenômenos classificados sob o título da Telepatia, Transferência de Pensamento, Influência Mental, Sugestão, Hipnose etc. Muitos têm procurado uma explicação desses vários fenômenos nas teorias dos vários professores da "mente dupla". E, em uma medida, eles estão certos, pois há claramente uma manifestação de duas fases distintas da atividade mental. Mas se esses estudantes considerarem essas "mentes duplas" à luz dos Ensinamentos Herméticos sobre Vibrações e Gênero Mental, verão que têm na mão a chave que com tanto esforço procuravam.

Os fenômenos de Telepatia são vistos como a Energia Vibratória do Princípio Masculino projetada em direção ao Princípio Feminino de outra pessoa, e esta última toma o pensamento-semente e permite que ele se desenvolva. Da mesma forma, a Sugestão e o Hipnotismo operam. O Princípio Masculino da pessoa que dá as sugestões direciona um fluxo de Energia Vibratória ou Força-Vontade para o Princípio Feminino da outra pessoa, a qual aceita-o, recebe-o, age e pensa de acordo. Uma ideia assim alojada na mente de outra pessoa cresce e se desenvolve e, com o tempo, é considerada como a melhor produção mental do indivíduo; que é, na realidade, como o ovo do cuco colocado no ninho de pardais, que destrói a prole natural e deixa a sua no ninho. O método normal é que os Princípios Masculino e Feminino coordenem e ajam harmoniosamente em conjunto uns com os outros na mente da pessoa. Mas, infelizmente, o Princípio Masculino na pessoa comum é muito lento para agir: a amplitude da Força-Vontade é muito pequena, e a consequência é que tais pessoas são governadas quase inteiramente pela mente e vontades de outras pessoas, a quem permitem pensar e desejar por elas. Quão poucos pensamentos ou ações originais são realizados pelo indivíduo comum? A maioria das pessoas não são meras sombras e ecos de outros com vontades ou mentes mais fortes do que elas mesmas? O problema é que a pessoa comum permanece quase completamente na sua consciência "Ego", em lugar da "Eu". Ele está polarizado em seu Princípio Feminino da Mente, e o Princípio Masculino, no qual carrega em si a Vontade, é deixado inativo e sem emprego.

Os homens e mulheres fortes do mundo invariavelmente manifestam o Princípio Masculino da Vontade, e sua força depende materialmente desse fato. Em vez de viver sobre as impressões feitas em suas mentes pelos outros, eles dominam suas próprias mentes por sua Vontade, obtendo o tipo de imagens mentais desejadas e, além disso, dominam as mentes dos outros da mesma forma. Veja as pessoas fortes: como elas conseguem plantar seus pensamentos-sementes nas mentes das massas das pessoas, fazendo com que estas pensem de acordo com os desejos e vontades destes indivíduos fortes. É por isso que as massas são formadas por criaturas como ovelhas, que nunca produzem uma ideia própria, nem usam seus próprios poderes de atividade mental.

A manifestação do Gênero Mental pode ser notada ao nosso redor no dia a dia. As pessoas magnéticas são aquelas capazes de usar o Princípio Masculino de maneira a imprimir suas ideias nos outros. O ator que faz as pessoas chorarem ou rirem como quiser está empregando tal princípio. Assim como o orador bem-sucedido, estadista, pregador, escritor ou outras pessoas que recebem atenção do público. A influência peculiar exercida por algumas pessoas sobre outras se deve à manifestação do Gênero Mental, na direção das linhas vibracionais acima indicadas. Neste princípio está oculto o segredo do magnetismo pessoal, influência pessoal, fascínio etc., bem como os fenômenos geralmente agrupados sob o nome de Hipnose.

O estudante que se familiarizou com os fenômenos geralmente classificados como "psíquicos" terá descoberto o importante papel desempenhado nos referidos fenômenos por essa força que a ciência chamou de "Sugestão", termo que significa o processo ou método pelo qual uma ideia é transmitida de uma mente a outra, fazendo com que a segunda mente aja de acordo com o que foi transmitido. Uma compreensão correta do fenômeno Sugestão é necessária para compreender de forma inteligente os vários fenômenos psíquicos que a Sugestão sustenta. Mas ainda mais necessário é um conhecimento de Vibração e Gênero Mental para o estudante da Sugestão. Pois todo o Princípio da Sugestão depende do Princípio do Gênero Mental e Vibração.

É costume que os escritores e professores de Sugestão expliquem que é a mente "objetiva ou voluntária" que faz a impressão mental, ou sugestão, sobre a mente "subjetiva ou involuntária". Mas eles não descrevem o processo ou nos dão qualquer analogia na natureza por meio da qual possamos compreender mais facilmente a ideia. Mas se você pensar no assunto à luz dos Preceitos Herméticos, será possível ver que o fortalecimento do Princípio Feminino pela Energia Vibratória do Princípio Masculino está de acordo com as leis universais da natureza, e que o mundo natural oferece inúmeras analogias pelas quais o princípio pode ser entendido. De fato, os Ensinamentos Herméticos mostram que a própria criação do Universo segue a mesma lei, e que em todas as manifestações criativas, sobre os planos do espiritual, do mental e do psíquico, há sempre em funcionamento o Princípio do Gênero: essa manifestação dos Princípios Masculino e Feminino. "O que está acima é como o que está abaixo e o que está abaixo é como o que está acima".

E mais do que isso: quando o princípio do Gênero Mental é uma vez compreendido, os variados fenômenos da Psicologia se tornam imediatamente adaptáveis à classificação e ao estudo inteligente, em vez de se manterem obscuros. O Princípio "se realiza" na prática, porque se baseia nas imutáveis leis universais da vida.

Não entraremos em uma discussão estendida ou descrição dos variados fenômenos de influência mental ou atividade psíquica. Há muitos livros,

Gênero Mental

vários deles muito bons, que foram escritos e publicados sobre este assunto nos últimos anos. Os principais fatos apontados nesses diversos livros estão corretos, embora seus autores tenham tentado explicar os fenômenos por várias teorias que lhes são de sua preferência. O estudante pode se familiarizar com esses assuntos e, usando a teoria do Gênero Mental, será capaz de trazer ordem para o caos das teorias e ensinamentos conflitantes e pode, além disso, prontamente fazer-se mestre do assunto, se estiver inclinado a isso. O objetivo desta obra não é fornecer um relato extenso dos fenômenos psíquicos, mas, sim, dar ao aluno uma Chave-Mestra pela qual ele pode abrir as muitas portas que levam às partes do Templo do Conhecimento que ele deseja explorar. Sentimos que, nesta consideração dos ensinamentos do Caibalion, pode-se encontrar uma explicação que servirá para afastar muitas dificuldades desconcertantes: uma chave que abrirá muitas portas.

Não vale a pena entrar em detalhes sobre todas as muitas características de fenômenos psíquicos e ciências mentais, uma vez que colocamos nas mãos do aluno os meios pelos quais ele pode se familiarizar plenamente em relação a qualquer fase do assunto que possa lhe interessar. Com a ajuda de Caibalion pode-se passar por qualquer biblioteca oculta novamente, a velha Luz do Egito iluminando muitas páginas e assuntos obscuros. Esse é o propósito deste livro. Não viemos expor uma nova Filosofia, mas sim fornecer os contornos de um grande ensino mundial que deixará claro os ensinamentos de outros, que servirá como um Grande Reconciliador das diferentes teorias e doutrinas opostas.

Capítulo XV
Axiomas Herméticos

"A posse do Conhecimento sem ser acompanhada de uma manifestação e expressão em Ação é como o acúmulo de metais preciosos, uma coisa vã e tola. O conhecimento, como a riqueza, destina-se ao Uso. A Lei do Uso é Universal, e aquele que a viola sofre em razão de seu conflito com as forças naturais." — O Caibalion

Os Ensinamentos Herméticos, embora sempre tenham sido mantidos firmemente trancados nas mentes de seus afortunados possuidores, por razões que já declaramos, nunca foram destinados a ser meramente armazenados e ocultados. A Lei do Uso está contida nos Preceitos, como você pode ver na citação acima do Caibalion, que a estabelece energeticamente. O Conhecimento sem Uso e Expressão é uma coisa vã, não trazendo nada de bom para o seu possuidor, ou para a sua raça. Cuidado com a miserabilidade mental e coloque em Ação aquilo que aprendeu. Estude os Axiomas e Aforismos, mas pratique-os também.

Damos a seguir alguns dos mais importantes Axiomas herméticos do Caibalion, com alguns comentários acrescidos a cada um. Faça isso você mesmo, pratique-os e use-os, pois não são realmente seus até que você os tenha Usado.

Axiomas Herméticos

"Para mudar a sua disposição ou estado mental, mude sua vibração."
— O Caibalion

Pode-se mudar suas vibrações mentais por um esforço da Vontade na direção determinada, fixando a Atenção em um estado mais desejável. A Vontade dirige a Atenção, e a Atenção muda a Vibração. Cultive a Arte da Atenção, por meio da Vontade, e aprenderá o segredo do Domínio das Disposições e dos Estados Mentais.

"Para destruir uma frequência indesejável de vibração mental, coloque em movimento o Princípio da Polaridade e concentre-se no polo oposto ao que você deseja suprimir. Destrua o desagradável mudando sua polaridade." — O Caibalion

Esta é uma das fórmulas herméticas mais importantes. Baseia-se em verdadeiros princípios científicos. Mostramos que um estado mental e seu oposto são apenas os dois polos de uma mesma coisa e que por Transmutação Mental a polaridade poderia ser revertida. Este Princípio é conhecido pelos psicólogos modernos, que o aplicam para interromper hábitos indesejáveis, orientando seus discípulos a se concentrarem na qualidade oposta. Se você está possuído pelo Medo, não perca tempo tentando "destruir" o medo, mas, sim, cultive a qualidade da Coragem e o Medo desaparecerá. Alguns autores expressaram essa ideia usando a ilustração da sala escura. Não se deve tirar a Escuridão, mas simplesmente abrir as persianas e deixar entrar a Luz e, assim, a Escuridão desaparece. Para eliminar uma qualidade negativa, concentre-se no Polo Positivo dessa mesma qualidade, e as vibrações mudarão gradualmente de Negativo para Positivo, até que finalmente você ficará polarizado no polo Positivo em vez do Negativo. O inverso também é verdadeiro, como muitos descobriram com sua tristeza, quando se deixaram vibrar com muita constância no polo negativo das coisas. Ao mudar sua polaridade, você pode dominar seus defeitos, mudar seus estados mentais, refazer sua disposição e construir caráter. Grande parte dos Domínios Mentais dos Hermetistas avançados se deve a essa aplicação da Polaridade, que é um dos aspectos importantes da Transmutação Mental. Lembre-se do Axioma Hermético (citado anteriormente), que diz:

> *"A mente (assim como metais e elementos) pode ser transmutada de estado em estado, grau em grau, condição em condição, polo em polo, vibração em vibração."* — O Caibalion

O domínio da Polarização é o domínio dos princípios fundamentais da Transmutação Mental, ou Alquimia Mental, pois a menos que se adquira a arte de mudar sua própria polaridade, ninguém poderá influenciar aqueles que o cercam. Uma compreensão desse princípio permitirá que a pessoa mude sua própria Polaridade assim como a dos outros, se ela dedicar o tempo, o cuidado, o estudo e a prática necessários para dominar a arte. O Princípio é verdadeiro, mas os resultados obtidos dependem da persistente paciência e prática do aluno.

> *"O Ritmo pode ser neutralizado pela aplicação da Arte da Polarização."* — O Caibalion

Como explicamos em capítulos anteriores, os Hermetistas afirmam que o Princípio do Ritmo se manifesta no Plano Mental, bem como no Plano Físico, e que a sucessão desconcertante de disposições, sensações, emoções e outros estados mentais deve-se ao movimento para trás e para frente do pêndulo mental, que nos leva de um extremo de sentimento para o outro. Os Hermetistas também ensinam que a Lei da Neutralização permite, em grande medida, dominar o funcionamento do Ritmo em nosso interior ou na consciência. Como explicamos, há um Plano Superior de Consciência, bem como o Plano Inferior comum, e o Mestre, elevando-se mentalmente para o Plano Superior, faz com que o movimento do pêndulo mental se manifeste no Plano Inferior e ele, habitando em seu Plano Superior, escapa conscientemente do balanço inferior. Isso é efetuado pela polarização no Eu Superior, assim elevando as vibrações mentais do Ego acima das do plano comum da consciência. É semelhante a elevar-se acima de uma coisa, permitindo que ela passe debaixo de você. O Hermetista avançado polariza-se no Polo Positivo de seu Ente: o polo "Eu Sou", ao contrário do polo da personalidade, e pela "recusa" e "negação" da ação do Ritmo, eleva-se acima de seu plano de consciência e, permanecendo firme na sua Afirmação de Ser, permite que o pêndulo volte para o Plano Inferior sem mudar sua Polaridade. Isso é feito por todos os indivíduos que atingiram graus de autodomínio, quer entendam a lei ou não. Tais pessoas simplesmente "se recusam" a deixar-se serem movimentadas pelo pêndulo das condições e emoções, e, afirmando firmemente a sua superioridade, permanecem polarizadas no polo Positivo. O Mestre, é claro, atinge um grau muito maior de proficiência, porque ele compreende a lei que está dominando através de uma lei superior e, pelo emprego de sua Vontade, alcança um grau de Equilíbrio e Firmeza Mental quase impossível na crença daqueles que se permitem serem movimentados para trás e para frente pelo pêndulo mental de condições e emoções.

Lembre-se sempre, no entanto, de que o Princípio do Ritmo não é verdadeiramente destruído, pois ele é indestrutível. É possível, porém, simplesmente superar uma lei contrabalanceando-a com outra e, assim, manter um equilíbrio. As leis do "balanço" e "contrabalanço" estão em operação tanto nos planos mentais quanto nos planos físicos, e uma compreensão dessas leis permite o que se parece com derrubar tais leis, enquanto se está apenas exercendo um contrapeso.

> *"Nada escapa ao Princípio da Causa e do Efeito, mas existem muitos Planos de Causalidade, e pode-se empregar as leis do plano superior para vencer as leis do inferior."* — O Caibalion

O Caibalion

Por meio do entendimento da prática da Polarização, os Hermetistas elevam-se a um plano superior da Causalidade e, assim, contrabalanceiam as leis dos planos inferiores da Causalidade. Ao subir acima do plano das Causas Comuns, eles se tornam, em certo grau, Causas, em vez de serem meramente causados. Ao serem capazes de dominar suas próprias condições e emoções – e por serem capazes de neutralizar o Ritmo, como já explicamos –, podem escapar de grande parte das operações de Causa e Efeito no plano comum. As massas de pessoas são impulsionadas, obedientes ao seu ambiente, pelas vontades e desejos de outros mais fortes, pelos efeitos das tendências herdadas, pelas sugestões daqueles que as rodeiam e outras causas externas que tendem a movê-las sobre o tabuleiro de xadrez da vida como meros peões. Ao superar essas causas influenciadoras, os Hermetistas avançados buscam um plano maior de ação mental e, dominando suas condições, impulsos e sensações, criam para si novos caráteres, qualidades e poderes, pelos quais dominam os que ordinariamente os rodeiam e, assim, tornam-se jogadores atuantes, em vez de meros peões. Essas pessoas ajudam inteligentemente no jogo da vida, de forma compreensiva, sem serem movidas de seu caminho, caminhando com poderes e vontades mais fortes. Elas usam o Princípio da Causa e efeito, em vez de serem usadas por ele. Claro, mesmo os mais elevados estão sujeitos ao Princípio como ele se manifesta nos planos superiores, mas nos planos inferiores de atividade, tais indivíduos são Mestres em vez de Escravos. Como diz o Caibalion:

> *"Os sábios servem ao Plano Superior, mas governam no Inferior. Eles obedecem às leis vindas de cima deles, mas em seu próprio plano; nos planos inferiores, governam e dão ordens. E, assim fazendo, formam uma parte do Princípio, sem se oporem a este. O sábio concorda com a Lei e, ao entender seus movimentos, ele a opera, em vez de ser como um escravo cego. Assim como o nadador habilidoso retorna em seu*

Axiomas Herméticos

caminho e escolhe outro caminho conforme sua vontade, sem ser como um tronco que é levado para lá e para cá, assim é o homem sábio em comparação ao homem comum — e, contudo, o nadador e o tronco, o sábio e o ignorante, estão sujeitos à Lei. Aquele que compreende isso está bem na estrada para a Maestria." — O Caibalion

Em conclusão, chamemos novamente sua atenção para o Axioma Hermético:

"A verdadeira Transmutação Hermética é uma Arte Mental."
— O Caibalion

No axioma acima, os Hermetistas ensinam que a grande obra de influenciar o ambiente é realizada pelo Poder Mental. O Universo, sendo totalmente mental, claramente pode ser governado apenas pela Mente. E nesta Verdade é encontrada uma explicação de todos os fenômenos e manifestações dos diversos poderes mentais que estão atraindo muita atenção e estudo nestes primeiros anos do século XX. Debaixo e sob os véus das doutrinas diversos cultos e escolas, acha-se sempre constante o Princípio da Substância Mental do Universo. Se o Universo é Mental em sua natureza substancial, então segue-se que a Transmutação Mental pode mudar as condições e fenômenos do Universo. Se o Universo é Mental, então a Mente é o poder mais elevado que produz os seus fenômenos. Se isso for entendido, tudo o que é chamado "milagres" e "prodígios" são vistos claramente pelo que realmente são.

"O TODO É MENTE; O Universo é Mental." — O Caibalion

FINIS

**ENCONTRE MAIS
LIVROS COMO ESTE**

GARNIER
DESDE 1844